暮らし上手な自分に変わる40の習慣

金子由紀子

中経の文庫

はじめに

皆さんは今、どんな習慣を持っていますか？

あるいは、どんな習慣を持ちたいと思っていますか？

そして、どんな習慣を改めたいですか？

私は、あんまり器用な人間じゃありません。携帯メールもろくに使いこなせないし、洗練されたおもてなしやおつきあいはできないし、家事だって得意じゃない。人にうらやまれるようなポイントは何もないです。

若い頃は嫌いだった、とりえのない自分が、でもこの頃は結構好き。いじいじ悩んだり、迷ったりすることが少なくなりました。それは、意識して、あるいは無意識のうちに身につけてきた、いくつもの「習慣」のおかげなんじゃないかな、と思っています。

習慣って、地味だけどすごいパワーがありますよね。

ああなりたい、こうしたいと努力しても、なかなか思うような結果は得られないものなのに、それを習慣としてしまえば、半自動的に、自分を望む場所まで連れて行ってくれる——まるで鉄道のレールのように。

生きていくことは、たえまない選択の繰り返しです。私のような凡人は、ともすれば、そのつど迷ってばかり。でも、

「自分が行きたい方向はどっち か？　憧れのイメージは何か？」

ぼんやりとでもそれがわかっていれば、習慣は、進むべきレールを切り替える転轍機《てんてつき》のように働き、自分を導いてくれます。カチッ。カチッ。

そのおかげで、毎回スムーズな判断ができるようになるし、行動も反復しやすい。これなら、迷いの多い私でも、エネルギーのロスが少なくてすみ、心と体が疲れにくくなります。つまり、生きていくのがラクになるのです。

本書では、私がいつの間にかつくり上げてきた、いくつかの「習慣」を集めてみました。純粋に、暮らす技術としての習慣もあれば、自分を操るための「思い込み方」みたいなものもあります。私以外の方には、あまり役に立たないものや、

「エッ、こんなのも〝習慣〟っていうの？」

というものも、中にはあるかもしれません。

それでも、この迷いの多い時代に、ひとりの凡人が一生懸命生きようと試行錯誤した事例として、読んでいただければ幸いです。

習慣って、何だろう？

「自分を変える」ことは難しい？

自分を変えたい、暮らしを変えたいと思ったとき、皆、どうしているのだろう。

習い事を始める？　資格を取る？

何か画期的な商品を買ってみる？

行ったことのない場所に旅する？

自分を変えてくれそうな、そんな「新しいこと」を次々と試してみる。ガラリと気分を変える効果は、とても大きい。未知の体験にワクワクして、自分自身が変わった錯覚に陥ることはある。一時は変わったかに思える。

でも、しばらくたってみると、いつの間にか元に戻ってしまったり、飽きてしまったり――。そして自己嫌悪。

人って、そう簡単に変われるものじゃないのかな。

自分を変えることって、そんなに難しいことなのかな。

人は〝習慣〟の束でできている

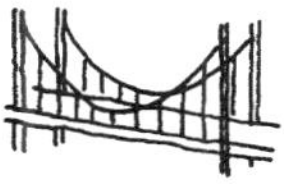

歌手でフラダンサーのサンディーさんが、雑誌のインタビューで語っていた。

「人は、習慣の束です」

この言葉を目にしたとき、ここに自分を変えるためのヒントがあると思った。

「習慣」という言葉と、「束」という言葉を同時に聞いて、パッと一つのビジョンが浮かんだのだ。それは、大河に架かる巨大な吊り橋だった。

瀬戸大橋や、東京湾に架かるレインボーブリッジのような長大橋は、人類が造り得る最大の工作物の一つだ。そこにはまるで柱と見紛うばかりの太いケーブルが使われている。そして、一本のケーブルは、何万本もの鋼線をより合わせてつくられているという。

たとえば、橋に何らかの想定外の荷重が加わったとする。だからといって、ケーブルはにわかには切れたりしない。より合わされた何本ものうちのまず一本が切れ、二本が切れ、落橋するギリギリまで持ちこたえるだろう。そのためには、一本の鋼線は、太ければ太いほどよく、その数は、多ければ多いほどいいはずだ。

では、もし人が一本の吊り橋だったら?

ケーブルと、それを構成する鋼線が、生活習慣だったら?

人生には、強い風を受けることもあるし、思いもよらない事故だってあるかもしれない。そんなとき、自分を支えるケーブルを構成する鋼線=習慣が、太ければ太いほど、多ければ多いほど、崩れ落ちることなく、切れることなく、生きていけるんじゃないだろうか。そう思ったのだ。

自分をつくっている習慣って、何だろう? いくつあるのだろう?

よい習慣はなくならない財産

私の夫は、どこへ出かけても、帰ると必ず洗面所に直行し、手を洗ってうがいをする。

別に、何の変哲もない習慣だが、さて自分を振り返ってみると、郵便物をチェックしたり、買ってきたものを台所に運んだりしているうちに、結局洗面所に行くのを忘れてしまうことが多々ある。夫のようには深く身についていないのだ。

「帰ったら手を洗い、うがいをする」

その行動の裏に見えるのは、彼の母（私にとっては姑）が、彼の健康を守ろうとした強い意志だ。子どもの頃から繰り返し、口をすっぱくして仕込んだに違いないその習慣は、一生にわたって彼を守っている。すごいことだなぁ、と思う。

私たちにも、二人の子どもがいる。これといった財産もない私たちが、子どもたちに遺《のこ》してやれるものなんて何もない。あるとすれば、子どもたちの中に、彼らの人生をよい方向に導いてやる習慣を植えつけることだろう。

だが、それはきっと、私たちがいなくなっても、私たちの代わりに彼らを生涯守ることになるのだ。あっという間になくなってしまう現金や、当てにならない価値の不動産とは違い、それはなくなることがない。よい習慣こそ、最大の財産ではないだろうか。

習慣は心をおだやかにする

習慣には、心を落ち着かせる効果が確かにある。

歴代の南極越冬隊員たちが、過酷な厳寒と閉鎖環境に、いかに適応していったかを描いた新聞記事を読んだ。

まったく太陽の出ない極夜の中、屈強の男たちも次々に精神に変調をきたす。それを防ぎ、平常心を保つさまざまな方法の一つが、

「自分なりの生活習慣を守る」

ことだったという。特に決まりのない入浴時間や食卓の席を、各自自然に固定化し、自分なりに落ち着ける習慣を模索する。心の平安は、決まったときに決まったことをするという、一見単調に思える「習慣」によって支えられているということなのだろう。

心が落ち着いていると、人は持っている本来の力が出せる。スポーツ選手が、打席に立ったり、演技を始める前に、一連の自分なりの手順を踏むことは、よく知られている。あれも、自分の中で決まっている、心を落ち着かせるための習慣なのだろう。

皆、自分の力など小さいと、自分を見くびっている。だが、本来持っている力が一〇〇パーセント出せれば、おそらくそれは、自分でも驚くほどの大きな力に違いない。心さえ静かにできれば、本当は皆、もっといろいろなことができるのではないだろうか。

習慣が不可能を可能にする

習慣の素晴らしさの最たるものは、

「あまり負担を感じずにすむ」

ことだ。

「忍者が跳躍力を鍛えるために、麻の苗を植えて、それを毎日跳び越す練習をする」

という逸話がある。麻の葉は成長が速く、丈高く成長する。毎日跳び越しているうちに、知らず知らず次第に高く跳躍できるようになり、ついには、本来なら跳び越せない高さまで跳躍できるようになる、というものだ。

それが本当かどうかはさておいて、訓練を習慣にすることで、自分に負担を感じさせず、能力を伸ばすことは、いろいろな場面で行われている。

自分に足りない部分も、なおしたい部分もたくさんある。それらを疎み、嘆くのではなく、習慣の力に任せることができたら？

いっぺんに成長することはできなくても、自分にできる習慣を一つ、また一つと身につけていけば、負担感に挫折することもなく、無力感にさいなまれることもなく、少しずつ成長していけるのではないだろうか。

習慣を身につけるのに必要な期間

ベテランの内科医によれば、

「生活習慣の改善には、だいたい二週間が必要である」

という。それは主に食生活に関する話で、

「油っこい濃い味を好む人も、二週間で薄味の食事に慣れる」

「満腹になるまで食べないと気がすまなかった人も、二週間で腹八分目に慣れる」

のだそうだ。食習慣の改善から二週間後には、検査の数値にもその成果が表れるという。人間の体は、新たな事態に慣れるまで、二週間はかかるということなのだろうか。

この「二週間の法則」は、食習慣だけに限ったことではないだろう。心は、体に包まれている。体が変化に適応するのに二週間を要するなら、心の変化にもまた、同じくらいの期間が必要になるのではないか。

実際に自分でやってみると、生活習慣が一応身につくまでには、十～二十日かかることがわかった。その程度の時間をかければ、暮らしの中に新しい行動が定着していくようである。体と心はつながっているのだ。

習慣を身につけるときの注意

しかし、二週間というのはとても長く、ハードルの高い目標にも思える。

そこで、医師が言っていた、もう一つのヒントを適用することにした。それは、

「改める習慣は、一度に一つだけ」

ダイエットを始める人などにありがちなのだが、「今日から頑張る！」と

ばかりに、一度にたくさんのことを始めようとする人が多い。そしてそれは、たいてい数日で挫折する。

「食事は薄味の和食にして、間食はやめる。朝起きたらストレッチ、一駅前から歩くようにして、エレベーターは使わない……」

昨日までの習慣とまったく異なる行動を、生活のあらゆる面で取り入れようとするのは、無理があるし、続かない。

だから、新しい習慣を取り入れるなら、一度に一つだけ、それを二週間続ける。それが定着したら、次の新しい習慣を、また一つだけ取り入れる、それを二週間続ける……。

この考え方は、私のような凡人にとっては、とても重要なことだと思う。すぐに何もかもを変えようとすると挫折するが、欲張らず、一つひとつクリアしていけば、必ず身につく。結果、意外にたくさんの習慣を獲得することができる。

もしも、習慣が崩れたら

といっても、もちろん人間だから、せっかく身についたよい習慣が、気がゆるむと崩れてしまったり、二週間どころか三日坊主になってばかりで、ちっとも続かないということもある。私自身、そんなことをたくさん繰り返してきた。

でも、だからといってあきらめることはない。崩れてしまったのは、習慣が身につく深度が浅かったのだ。もう一度イチからやりなおせばいい。二度目、三度目は、身につくのも早い。三日坊主だって、何度も繰り返しているうちに、坊主がつながって二週間くらいにはなっていく。絶対に二週間で身につけなければいけないわけではないのだ。

一つ得るために、一つ捨てる

そして、新しい習慣を暮らしに取り入れるなら、「今の暮らしから、何かを一つ捨てる」こともポイントだと思う。

今、やっていることの上に、新しいことを上乗せするのは、多くの場合、自分のキャパシティーを超えることを意味する。それがたとえ小さなことでも、結構大変なことなのだ。時間にも能力にも限りがある以上、暮らしのサイズは常にプラスマイナスゼロにしておかなければ、負担感ばかりが募って、結局続かなくなってしまう。

たとえば、私はかつて、朝食後の食卓がなかなか片づけられず困っていた。それは当然で、私は独身時代の習慣を引きずって、朝食後、新聞を隅から隅まで読んでいたのだ。

そこで、朝刊を朝いちばんに読むことはあきらめ、片づけを優先することにした。これで、朝の片づけが一歩前進した。その代わり、新聞はざっとしか読まなくなった。

片づけと新聞、どちらを優先するか。自分にとって、どちらがプラスになるか。新しい習慣を獲得することは、その選択を自らに迫ることでもある。

習慣づくりは、人生のカスタマイズ

自分って、自分のくせに自分の言うことをきかない。人生は思い通りにならない。

そう思うなら（多くの人がそう思っていると思うのだが）、それはその人生に、いくつかの習慣が足りないから、あるいは不要な習慣があるからかもしれない。

言うことをきかない自分を、思い通りにならない人生を、夢みる方向に動かしたいなら、足りない習慣が何か、いらない習慣が何か、洗い出してみるといい。そして、一つずつ、それを変えていこう。いったん動き出したらラクになる。「慣性の法則」が働くからである。

誰の人生も、最初から自分仕様にできてはいない。だから皆苦しむ。でも、うまいこと習慣を自分の中にインストールしてしまえば、人生はカスタマイズできる。

自分仕様の人生を手に入れること、幸せってそういうことではないだろうか。

暮らし上手な自分に変わる40の習慣　もくじ

Chapter 1 ＊ 暮らしにリズムをあたえる習慣

Chapter 2 * 見晴らしのいい部屋をつくる習慣

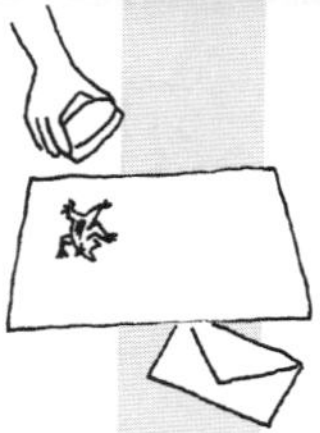

Chapter 4 * 頑張りすぎない、おつきあいの習慣

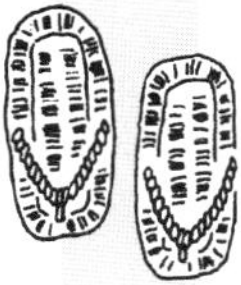

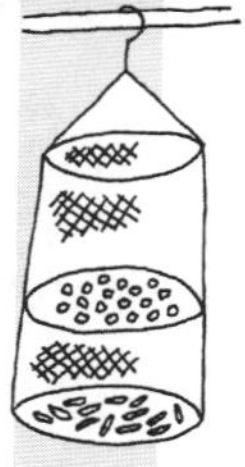

ブックデザイン／高瀬はるか（早川デザイン）
イラスト／落合　恵

Chapter 1

暮らしにリズムをあたえる習慣

1

私のお買い物ルール

なるべくモノは増やしたくない私だが、本当は買い物は大好きだ。

モノを増やしたくないのは、私にたくさんのモノを管理する能力も、たくさんのモノを置いておくスペースもないから。そもそも、そんなに買い物するほどお金もない。

そんなわけで、買い物は好きだけれど、買えない私には、自分に課している「お買い物ルール」がある。このルールを守ることで、自分の時間と場所とお金の使い方を、納得いくものにすることができる、と思っている。

＊捨てるときにお金がかかるモノは、なるべく買わない

大きくて重いモノを買うときは、よくよく注意しなければならない。家具、家

電の類がそれに当たるのだが、売り場では、そこそこ用が足りそうに見えて、値段が格安だったりすると、「コレでいいか〜」と買ってしまいがち。だが、ここで一歩踏みとどまる。

「待てよ、コレ、飽きたり使いづらかったりして、やっぱりいらない〜ってなったとき、売れるかな?」

リサイクル店の買い取り価格は、購入価格と比べたらあきれるほど安い。たいがいのモノは、封を開けた途端、半額以下になってしまうと思って間違いない。モノによっては、値段もつかず、逆に引き取り手数料を請求されかねない。つまり、まだ新しくても、買い手がつかず、ゴミにしかならないということだ。

どんなモノに値段がつかないかは、日頃から粗大ゴミ置き場を観察しておくといい。スチール製の押入れタンス、安物の籐家具、ウレタン合皮のローソファ。

値段がつかないようなモノだから、人にあげても喜ばれないし、粗大ゴミの手数料を払った上、自力で搬出しなければならない。安くても、使った期間が短かったり、使っている間の満足感が低ければ、結局高い買い物になる。

＊リユース、リサイクルできるか、自然に還るモノを選ぶ

自分が使い終わったとき、環境に負荷を与えないモノを選びたいのは、今の世に生きる人が共通して感じていることだと思う。なるべくなら、「不燃（埋め立て）ゴミ」の日に出すモノを極力減らし、「資源」の日に出せるモノを買いたいし、その「資源」にしても、リサイクルのためのコストがなるべく低いモノを優先したい。

たとえば、牛乳パックやビール缶はリサイクルされるとはいえ、再生のためのコストがかかるけれど、リユースびんなら繰り返し何度も使える点で、びんの勝ち。

どこかの埋め立て地で、いつまでも分解されずにいるようなゴミを、なるべく出したくない。そういう気持ちで買い物をすると、家の中もゴチャゴチャしなくなるから不思議だ。

＊自分と自分の暮らしに絶対似合う（と思える）モノを買う

「タンスのこやし」をつくらないためにも、洋服など身につけるモノについては、必ず試着して、一度では買わないようにしている。だから、通販は基本的にＮＧ。「こういう色・素材・デザインのモノが欲しい」と、あらかじめ決めておき、それに限りなく近いモノを根気よく探すことにしている。

また、どんなにいいモノでも、自分の家やライフスタイルに合わないなら買わない。たとえば、美しくてゴージャスな毛皮のコートが格安で買えるとしても、まず絶対買わない。

こういう買い方をしていると、衝動買いは防げるが、面白みもない。でも、センスのない私の場合、衝動買いでろくでもないモノを買ってしまうリスクは、とりあえず避けられる。

＊単純で丈夫なモノを買う

デザインも機能も、多種多様なモノが出回っていて、どれを買えばいいのか迷ってしまうようなときは、なるべく単純なつくりで、丈夫なモノを選ぶ。どんなに多機能でも、私には大して使いこなせないし、単純で丈夫なモノは修理が容易な場合が多い。アフターサービスも大きなポイントだ。〝価格が高くて重量が重い〟が一つの目安。

＊地元優先で買う

特に食料品は、国内産のものを買うようにしている。同じものなら県内産、あれば市内産と、できるだけ自分に近いところで生産されたものを優先する。フードマイレージを考慮して、ということもあるが、単純に鮮度がよかったり、包装が簡易だったりするからだ。服飾品、繊維製品なども、なるべく品質のよい国内産を選びたいと思っている。

フェアトレードの
お買物

チョコはフェアトレードショップで買いだめし、冷蔵庫に保存。コーヒー豆は環境イベントで出合いました。タオルは、ベージュで統一しています。

＊お問い合わせ
チョコレート：『GAIA』
http://www.giga-ochanomizu.co.jp/
Anonimo coffee roaster
『アースマーケットプレイス』
☎ 043-248-5099
タオル：『池内タオル』
http://www.ikeuchitowel.com/

私の愛用
エコバッグ

裁縫上手な妹のお手製リネンバッグ。色やデザインの好みが私と似ているので、いつも喜んで使っています。

海外製品を買う場合は、フェアトレード商品を優先する。コーヒー、チョコレート、木綿製品など、品質が高く安心である。

資本主義社会において、買い物は単なる消費行動を超えて、それ自体すでに「投票」と同じ意味を持っている。自分の手の中にあるお札は、社会を変えるための投票用紙。そう考えると、小さなモノを買うことも、ちょっとしたイベントのようで楽しい。

2 旧暦でゆっくり暮らす

暮らしに「旧暦」を取り入れるようになって久しい。最近は、旧暦を解説した書籍や、旧暦を併載したカレンダーが市場に出回っており、しかもわかりやすく美しいものが多いので、より旧暦を楽しめるようになった。

旧暦（太陰太陽暦）は、東アジア一帯で広く用いられてきた暦で、日本の気候風土と一致している。そのため、農業・漁業、また出産に、長い間活用されてきた。上の子を出産するとき、助産院の壁に旧暦カレンダーが張ってあったのを見て以来、使うようになった。

私が愛用しているのは、「月と太陽の暦制作室」による『月と季節の暦』というカレンダー。旧暦基準のカレンダーに、毎日の月の形や月齢、潮の干満なども記載され、月にちなんだ絵画や写真を配した手の込んだものだ。私はこれをトイレに張り、毎日眺めている。

近頃は、子どもたちも二十四節気《にじゅうしせっき》を覚え始め、

「今日は〝穀雨〟だね」

なんて言い出すようになった。

旧暦を使っていると、季節が旧暦の通りに進行していくのに驚くことがある。七十二候《しちじゅうにこう》の「牡丹華」（ぼたんはなさく）の頃には、本当に牡丹が豪華な花を咲かせたし、「山茶始開」（つばきはじめてひらく）の頃は、近所の垣根に白や赤の山茶花が咲き始めた。

温暖化や動植物の減少で、その通りにいかないものもあるが、おおむね、旧暦は日本の四季の移り変わりを忠実に反映したものなのだろう。ほとんどが農民・漁民であった私たちの先祖は、この旧暦をたよりに種をまき、漁に出、山の木を伐って暮らしてきたに違いない。そういう意味で、旧暦は私たちの心と体に記憶された、親和性の高い暦といえる。

旧暦を使っているとはいっても、もちろん日常生活は新暦のカレンダーで進行している。だが、それと並行して、

「今日は旧暦で言うと何月何日で、二十四節気七十二候の何かな？」

という旧暦モードを、常に意識するようになった。これが、意外なほど、暮ら

旧暦でゆっくり暮らす

じつはこの旧暦カレンダー、本当にトイレに張っているんです！月替わりのエッセイや月にちなんだ浮世絵など、情報量が豊富で見ていて飽きません。

＊お問い合わせ
『月と太陽の暦制作室』　http://tsukigoyomi.jp/

しに奥行きと色彩を与え、毎日が豊かに感じられるような気がする。

年中行事には、いまだに旧暦で行われているものもあるが、多くの行事は新暦で行われるようになってしまった。

そのためしばしば、季節との強い違和感を覚える行事も少なくない。温室育ちの桃の花を飾る「雛祭り」、毎年雨に祟られる「七夕」がそれだ。こういうものを、無理に新暦で行わず、旧暦でやればいいのにな、と思うことがある。実際、地方では旧暦で行っている地域もあって、そういうお祭りのほうが本物っぽい。

中国文化域の人々は、旧正月（春節）を頑《かたく》なまでに守っているし、イスラム文化圏の人々は、独自の暦でラマダン（断食）の時期を過ごす。無国籍化・ボーダーレス化が進み、世界がどんどん均質化・画一化しつつある現在、そういう独自性を持ち続けることって、大切だなと思う。

私が子どもの頃、まだ元気だった母方の祖母が時々、

「それは旧の何月何日のことだ？」

と周囲に尋ねていたのを覚えている。

明治生まれの彼女にとって、たかだか自分が生まれる数十年前に勝手に中央の

人間が採用した「新暦」など、かりそめのものに過ぎず、先祖代々がしたがってきた、体にしみついた「旧暦」こそが、「本当の時間の流れ」だったのかもしれない。

世界共通のカレンダーである新暦が、私たちの暮らしやビジネスに必要不可欠であることは間違いない。

けれど、私たちにはもう一つ、この「本当の暦」があることを意識することで、セカセカと流れていってしまうままに見える時間の流れを、もっとゆっくりにすることができるのではないだろうか。

また、旧暦を使っていると、うっかり新暦で行事を祝いそびれてしまっても、少し遅れて、もう一度祝いなおすことができるのは魅力だ。しかも、そっちのほうが「本物」と、大きな顔でやりなおせるのは嬉しい。

3

手紙を書くひとときを持つ

ペンで文字を書くということが、本当に少なくなった。

日常の連絡の大半はメールでやり取りされるし、業務報告書のような文書もパソコンで作成し、日記やスケジュールのような個人のデータでさえ、ブログやソフトで管理されるようになってしまった。

そのためばかりではないかもしれないが、簡単な漢字でさえ度忘れしがちだし、結婚式や葬儀の際の記帳が、以前にも増して苦痛に感じられる。

それを補うために、というわけではないが、時々は手書きの手紙やハガキを、郵便で送ることを心がけている。ビジネス用やちょっとした連絡には、やっぱりメールが便利だけれど、たまに出す私信には、悪筆を恐縮しながらも、ペンで書く。

別に、元から筆まめなわけではない。「絵手紙」みたいな趣味もない。ただ、あまりにも「肉筆」のやり取りが少なくなってしまった寂しさから、あえて手書きにこだわってみている。紙に肉筆で書かれたのと同じ文章を、ディスプレイ上で読んだとしたら、前者のほうが、効果的に思いが伝わるのではないかと、勝手に思っているからだ。

私が小さな出版社で、書籍の編集の仕事をしていた一九九〇年前後は、原稿のほとんどはまだ手書きで、著者から手渡される原稿には、ずっしりと重みがあった。

単行本一冊をつくるには、四〇〇字詰め原稿用紙にして、ものにもよるが約三〇〇枚の分量が必要となる。万年筆やボールペン、サインペンで綴られた肉筆の文字には、著者の強い個性が宿っていて、時として判読にひどく苦労させられることもあった。

今なら、メールにデータを添付してもらえば、何百枚分の原稿だろうが、瞬時に受け取ることができるし、生原稿のように目を皿にして字数を数えなくても、行数調整やページ数の割り出しはあっという間にできる。本当に、便利になったものだと思う。

今、私は書籍の編集からは遠ざかってしまったが、あの頃の、かさかさいう紙の山に埋もれながら、一枚一枚丹念に原稿を読み込んでいた感覚とか、外出の際、そそっかしい私が、紛失してはならじと、ガッチリ抱え込んだあまり端が折れてしまったゲラとか、そんな瑣末《さまつ》なことを、二十年近くたった今でも覚えている。三〇〇枚の生原稿には、それだけの重みと力があったのだなあ、と思う。

そのせいだろうか、肉筆の手紙には、今もことのほか強いありがたみと嬉しさを感じてしまうのだ。

「あの人が、自分で選んだ紙に、自分の手で書き、住所を調べ、切手を貼って、ポストまで歩いてくれたのだ」

誰もがちょっとの手間をも惜しむ今の世の中で、ずいぶん悠長なことをしてくれたものだ。

だから、ポストに届いた手紙には、なるべくポストに届く返事を書くようにする。紙を選び、ペンを執って、住所録のページを繰って。少し出すのが遅れてしまうこともあるけれど、それはとても豊かな時間だ。すると、そういう時間をくれたことに対して、また相手に感謝することになる。

フランスのデザインユニット「ツェツェ」の作品が好きなのだが、彼女らの展示会の招待状を集めた写真を見ると、「わあ、楽しそう！」とウキウキする。

布やプラスチック、空気を入れて膨らませた点滴の入れ物、チーズの木箱、メタルネットのチューブ状の封筒ｅｔｃ……。こんなの郵便で送れるの？と思うような奇想天外な〝封筒〟はどれもカラフルでかわいらしく、しかし丁寧に宛名が手書きされ、几帳面に切手が貼られている。

私はアーティストではないので、こんなセンスのいい手紙は出せないけれど、字のヘタさ、思いつきで出す手紙のネタの薄さをカバーするために、日頃からきれいなハガキの収集は怠らない。

雑貨店、美術館、博物館、旅先、こんな場所で何か買うなら迷わずハガキやレターセットだ。実際、使うまで時間があることが多いので、ハガキは裸のままでなく、プラスチックの袋や、専用のホルダーで保存する。以前、それを怠って、とっておきのハガキを台無しにしてしまった後悔からだ。

そして切手。以前は、規定の料金分を貼ればそれでいいと思っていたものだが、最近は、郵便局の窓口に、目新しい記念切手が飾られていれば、即ゲット。ハガキを出すことの多い私には、五〇円切手が便利だ。

好みのレターセットはなかなか見つからないし、結構高いので、エアメール用の薄い便箋に、一時凝った消しゴムハンコをスタンプしてみたりする。また、「おまけ」のつもりで、押し花のかけらを紛れ込ませたり、文香をしのばせてみたり。まるで小学生の頃、授業中に回した「手紙ごっこ」みたいだ。

子どもの頃読んだ『赤毛のアン』に、「香水をしみ込ませたしおり入りの手紙」をやり取りするくだりがあって、いたく憧れたっけ。こんなことは、メールじゃできまい。

鳥獣戯画の消しゴムハンコ

絵の上手な、妹の友人が作ってくれた蛙の消しゴムハンコ。コピー用紙にも茶封筒にもペタリと押せば、おしゃれなレターセットに変身。

きれいな切手や旅先で購入する絵ハガキ

郵便局で記念切手を見かけると、1シート買っておきます。旅行先や美術館のミュージアムショップでは、絵ハガキを買うのがいちばんの楽しみ。

4 手帳でTODOリストを管理する

「なんでこんなに、次から次からやることが出てくるんだろう……」

大した仕事を抱えているわけでもないのに、我ながら時々ビックリする。在宅ワークに従事する主婦で、現在は、中学生と小学生を育てている私。こんな人、日本中にいっぱいいるはずだ。

私たちが抱えている「やること」って、その性質も重要度もまったく違うものばかりだ。

たとえば、ある日の予定。

下の子のズボンの膝《ひざ》を繕う／夫に頼まれた雑誌の購読料の振り込み／A誌の八〇〇字の原稿、写真を添えて夕方締め切り／ベランダ点検のため管理会社の担当者を待つ／決まった時間に子どもに薬を飲ませる／インクカートリッジの注文／砂糖とトマトの缶詰、煮干しを買う／C社D氏に電話……。

いかにも公私混同、雑然としている。「デキるビジネスマン」なら、トマトの缶詰を買う予定なんか、絶対手帳に書き込まないだろうが、私にとっては、仕事の締め切りと同じ、忘れては困る重要事項なのだ。

このリストが「仕事だけ」で構成されていれば、優先順位をつけるのも、もうちょっとラクなんじゃないかとは思う。それが私の「用事」ときたら、みみっちいというか何というか……。こんな、公私硬軟ごちゃまぜの用事を、並行してこなさなければならない点が、私の頭を混乱させる原因なのかもしれない。

そこで、現時点でやらなければならない（と思っている）「用事」を、いったん白い紙にすべて書き出してみる。ごちゃごちゃになったおもちゃ箱を、床の上にひっくり返すように。これが「TO DOリストのもと」である。

そして、ドサーッとぶちまけた箱の中身の一つひとつに、今度は「締め切り」を与えていく。

「今月中にやらなければならないこと」
「今週中にやらなければならないこと」
「今日中にやらなければならないこと」

一つひとつの「用事」に、このいずれかの締め切りを設定するのだ（来月以降の用件は除外。そんな先のことまで考えない！）。これで、期限別チェックリストができ上がる。

これができると、話は急に単純になる。

今日は、「今日」と記されたことだけやればいい。用件が片づいたらそこに線を引いて消していく。「今日」の分がすべて線で消されたら大成功！　もっとも、そんな日は滅多にないけど。

「今日」のチェックリストは、毎日更新する。翌日になったら、昨日やり残したことを今日に繰り越す。そして新たに「今週」の中から「今日」できることをピックアップして、その日のチェックリストを作成する。片づいたら線で消していく。これを毎日繰り返す。

こうしていると、どんなにノロノロしていても、次第に「やり残し」は減っていく。それだけでなく、忙しいのは以前と変わらなくても、気持ちにゆとりができていく。

いつもたくさんの「やり残し」を抱えていると、「忙しい！　時間がない！　ダメな私！」という、余裕のない気分でいなければならないが、「毎日更新するチェックリスト」のおかげで、公私両方の「あと何をすればいいか」が一目で把

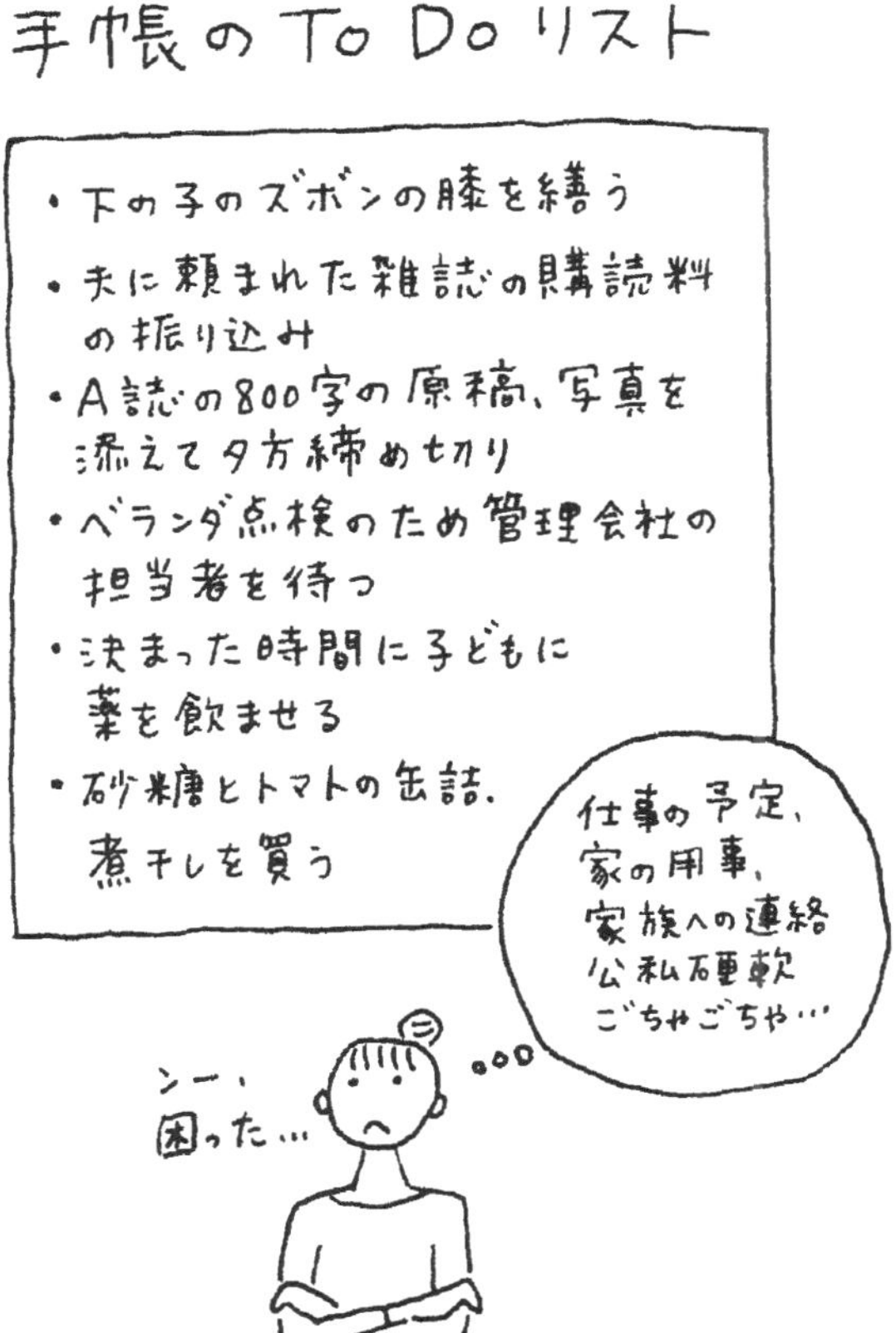
手帳のTo Doリスト
・下の子のズボンの膝を繕う
・夫に頼まれた雑誌の購読料の振り込み
・A誌の800字の原稿、写真を添えて夕方締め切り
・ベランダ点検のため管理会社の担当者を待つ
・決まった時間に子どもに薬を飲ませる
・砂糖とトマトの缶詰、煮干しを買う
仕事の予定、家の用事、家族への連絡 公私硬軟ごちゃごちゃ…
ンー、困った…

握できるので、安心していられる。

「今日、何をすればいいかがわかっている」ことは、焦ってセカセカ動き回ることよりも、はるかに気持ちを落ち着かせてくれるらしい。

「やらなければならないこと」が山積している一方、「やりたいこと」というのもある。必ずしもやらなければ困るものではないけれど、「やらなければならないこと」ばかりに追われていると、それだけで人生が終わってしまうような、むなしい気持ちになる。その意味では、「やりたいこと」もまた、「やらなければならないこと」の一種なのだ。

だからTO DOリストには、**「やりたいこと」も「やらなければならないこと」として記入する。**私はかつて「ニューオーリンズに行く」「藍染め体験をする」なんていう、別にやらなくても困らない「やりたいこと」も、この方法でクリアすることができた。


いずれにしても、やらなければならないことを効率よく一つずつこなしていくためには、「紙に書くこと」が欠かせない。少なくとも私はそうだ。紙に書かないことには、自分が本当にやりたいこと、やるべきことが何か、いつまでたっても焦点が定まらない。

昔は、チラシの裏などに書いては捨てるという原始的な方法でやっていたものだが、この頃は進化して手帳を使っている。今では、手帳といかに仲良くなるかが、やり残しを減らし、焦りをなくしていくコツではないかと思っている。

ただ、「○○社長の手帳術」といった類の本は、私にはあまり参考にならなかったし、さまざまなアイディアの「○○手帳」も、今ひとつピンとこなかった。私の場合、「売り上げ倍増」や「部下の育成」などが目的なのではなく、「学童の集金」とか「ベルマーク提出」とか、そのスケールが小さすぎるためらしい。「手帳」って、他人のアイディアに乗っかるよりも、自分で工夫してつくっていくほうが楽しいし、〝使える〟のではないだろうか。

今、手帳は「無印良品」の年度版の中判サイズのものに、自分でケイ線を引いたり、紐《ひも》をつけたりしてカスタマイズしている。カバーの内側には、友人からのハガキやレシピの切り抜き、覚え書きなどがバラバラはさんであり、にぎにぎしい。その手帳が文字でギッシリしてくると、何となく嬉しいものだ。

「私も、ただボケッと暮らしているわけでもないんだな」と、ささやかな自己満足に浸れるからかもしれない。

5

〝ちょっとだけ早起き〟の楽しみ

最近、「早起き」が流行っているらしく、「朝」をテーマにした本やサービスをよく見かける。皆、夜更かしして遊んだり、仕事したりするのに飽きたのだろうか。

かく言う私も、早起き派。タイマーつき炊飯器は使わず、鍋炊きごはんの朝食だし、子どもが部活の朝練に出かける時間に合わせると、おちおち寝てはいられない。

だいたい、六時少し前に朝食の用意をし始める。それと同時に夫のお弁当を作り、洗濯機を回し、ゴミをまとめ、夫と下の子を送り出してから自分の食事をすませて、上の子を中学校に見送る。この間、約一時間半。お勤めのあるお母さんよりは断然ラクだけど、やっぱり朝は忙しい。

早起きが苦でなくなると、得をすることは、「夜遊び」ならぬ「朝遊び」ができることだ。週末、寺社の境内で開催される骨董市にひとりで出かけたり、朝市で新鮮野菜を買い込んだり、という楽しみは、早起きが得意でないと味わえない。

今でこそ家族より早起きして、人並みに家事雑事（そして朝遊び）をしている私だが、ひとり暮らしを始めた学生の頃はひどかった。誰も何も言わないのをいいことに、宵っ張りの朝寝坊を繰り返していた。若いのに体調を崩しやすく、午前中は頭が働かない。若者特有の悩みや苛立ちとあいまって、その頃の私は、いつも機嫌が悪かった。

それが改善されたのは、朝食をきちんと取るようになってからだ。

夜遅くまで起きていると、たいてい何か食べてしまう。当時住んでいた街は学生が多く、コンビニやファストフードが林立していて、夜中におなかが減ると、ついついつまらない夜食を買いに行ってしまっていた。今思い出すと恐ろしいことだが、よく、深夜のドーナツ屋で三つも四つも買い込んでいたものだ。

さすがにそれはまずいと気づいた二十一歳の頃、深夜のドーナツ屋通いをやめた。するとてきめん、朝はおなかがすいて目が覚めるようになった。それまでは、起きても胃がもたれて（そりゃそうだ）、朝食を食べる気になんてならなかったのに。

空腹で目覚めるというのは、いいものだ。朝ごはんがじつにおいしく感じられ、食べるのが楽しみになる。まだ空気が新鮮なうちに、パンを買いに外に出て、小鳥の鳴き声や、道端に咲いている花に気づくと、眠っていた頭も次第に動き出す。

早起きするようになると、それまでできなかった（無理だと思っていた）ことが、俄然スルスルとできるようになった。朝ごはんのおかげか、体調もよくなってきた。すると、仏頂面もだんだん笑顔に変わっていき、自分や他人に対するイライラも消えていった。夜更かししながら、自分の無力さに悩んでいたあの時代は、何だったのだろうか。

その経験を踏まえて、人に早起きをすすめると、

「だって私、低血圧だし〜」

と言われることが多いのだが、私だって低血圧だった。三〇代になっても、血圧は午後測っても最高値が一〇〇に届くことは滅多になく、午前中に計測すると、最低値が四〇台ということもあった。

でも、早起きするようになってからは、目が覚めてすぐ、たいていのことに取りかかることができるようになった。寝起きがよくなったのだと思う。

寝起きをよくするためには、寝つきをよくすることだ。そのために最もいいのは、日中よく体を動かすこと。テンションが低くグダグダしていた昔は、体を動かさず、そのくせ頭と心だけ疲れていた。当時は不眠に悩まされたものだが、家事育児に追われるようになった今、「眠れない」なんていう事態は金輪際ない。いつも一瞬で眠りに落ちる。

寝起きをよくするもう一つの工夫は、「九十分の倍数で眠ること」。脳生理学の分野でも一般的にいわれていることらしいが、四時間半、六時間、七時間半といった睡眠時間は、スッキリ目が覚めるポイントなのだそうだ。

実際、私の睡眠時間は四時間半か六時間のどちらかで、その時間になるとパッと目が覚める。これが、五時間とか七時間だと、どうにも寝起きが悪く、ついグズグズしたり、もう一度寝てしまったりすることがある。

早起きをするようになって実感するのは、

「朝の十五分は夜の一時間に相当する」

ということ。朝のスタートが早いと、すべてがカラカラと音を立てて調子よく回っていく。たとえそれが十五分であっても、夜になれば、その成果は一時間くらいの違いを生み出す。十五分早く仕事をスタートすることで、一時間早く切り上げられるわけだ。

逆に、朝のスタートが遅いと、どんどんその後の一日に響いてくる。駅に着くのが十五分遅れただけで、乗る電車が一本ズレる。すると、乗り換え駅ではそれが三十分の遅れになり、最終的に一時間の遅刻になる、そんな感じである。

別に、早起きしなくてもいろいろなことをクリアできている人もいるけれど、そういう人は才能や能力に恵まれた人であることが多いようだ。そうではない私は、せいぜい人並みになるために、早起きを習慣にしているわけだ。

6

おいしくて安全な食事がしたい

食品の購入は、主に生協でまかなっている。配達は週に一度。献立の計画をきちんと立てて購入しているわけではないが、配達の日の朝食後、冷蔵庫が空っぽになると、我ながらでかした！　という気になってほくそ笑む。

逆に、豆腐や肉など、消費期限内に使いきれなかったときは慌てる。こういうときは自己責任で、

「においを嗅《か》いで、OKと判断すれば使う」

ことにしている。不安なときは、家族には食べさせず、自分だけで食べる。あたったことは一度もないが、これは、私の胃腸が丈夫なだけかもしれない。

私が子どもの頃、豆腐は豆腐屋さんにボウルを持って買いに行くもので、消費期限なんてどこにも書いていなかったけれど、誰かが豆腐にあたったなんて聞いたことがない。作る人と食べる人の距離が近く、皆、自分の目と鼻で判断してい

た時代だ。

今、食べ物は、作る人と食べる人の距離が遠い。物理的にもそうだし、もっと違った意味でも遠くなっている。誰が作ったかわかるものを食べる機会って、ほとんどない。

遠いところにいる人が作る食べ物だから、腐らないように、傷まないように、いろいろな加工が施される。北の国からのジャガイモには芽止めの放射線が浴びせられ、南の国のバナナは船の中でくん蒸される。加工食品なら、多くの資源を使って十重二十重に梱包《こんぽう》され、たくさんのゴミを出す。そういう食べ物をなるべく選ばないことで、気持ちのいい食生活を送りたいなと思っている。

生協は便利なので利用しているが、私がいちばん好きなのは、ちょっと遠出したときに立ち寄る「道の駅」や、「農産物直売所」。近在で取れた新鮮な野菜や果物、地元の女性たちが手作りしたお菓子や漬け物が、格安で売られている。花の苗や炭、ちょっとした工芸品なども手に入る。

私の持論は、

「女は皆、道の駅が好き」

母や姑など連れて行こうものなら、もう大変である。あれもこれもと買ったあげく、帰りの車は車体が沈みそう。もちろん私も、あきれて座り込んでいる夫や子どもを尻目に、嬉々としてついつい試食しては買い込んでしまう。

こういう店では、納品に来る農家の人を見かけたり、売っている本人が生産者だったりする。売り手においしい食べ方を尋ねれば、打てば響く答えが返ってくる。その答えがまた的確で、安心できる。


本当は、毎日こんな店で買えればいいのだが、そうもいかない。また、直売所だからといって、国産・近郊産のものだけを売っているわけでもない。だからせめて、私の買い物のルールは、

「国産＜県内産＜市内産」


近場であればあるほど、優先順位が高まる。遠くの有機無農薬野菜より、地場のものを選べば、輸送や流通にかかるコスト（環境コストも含めて）もなくなる。

日本の食糧自給率は、ついに四〇％を切った。島国日本にとって、これは危機的な状況である。それなのに、毎年二〇〇〇万トンにも及ぶ残飯が廃棄される。

「足りないから買ってきているのに、残している」

じつに妙な事態で、飢餓に苦しむ世界の人を思うと、誰かを非難したくなるが、

よくよく考えてみれば、自分も同じことをしていないか。

コストのかかる国産の野菜は、輸入品に比べれば高価だ。でも、旬には一山いくらで出回る。それをうっかりしなびさせてしまえば、気分が悪い。だから、極力食べきるように、最近では、いろいろな保存食に挑戦している。

夏のトマトはトマトソースにして保存びんに詰め、ナスは素揚げにして冷凍、キュウリは漬け物に。面倒くさければ、夏野菜全部一緒にオリーブオイルとにんにくで炒め煮にして、カポナータなのかラタトゥイユなのかわからない煮込みにして冷蔵する。かさが減るので、結構すぐ食べきってしまう。

冬野菜は、干し野菜にしてみそ汁に放り込む。いずれにせよ、私にもできる簡単なものだけである。今や貴重な国産野菜である。残すだなんて、もったいない。

問題は、2011年3月の東日本大震災に伴う原発事故の影響だ。東日本に住む人の中には、せっかくの近隣産の野菜を安心して食べられなくなったことを嘆く人もいる。

しかしそれも、事故直後から、自治体や農業・流通団体のみならず、市民グループなども積極的に放射線量を計測し、安全な野菜の流通に努めている。感情的になることなく、科学的な視点で判断して食品を選んでいきたい。

我が家の乾物ストック

乾物は冷蔵庫に
何もないときの
強力な助っ人。
「豆のサラダ」や「焼き
ビーフン」などを作る
ことが多いです。

「道の駅」大好き！

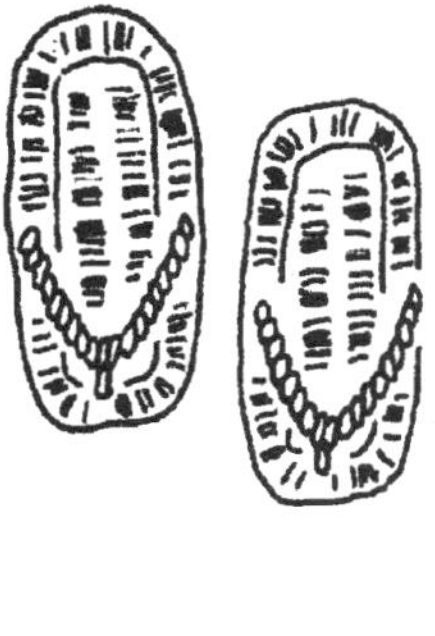

お気に入りの「道の駅」で
売っている布草履。
なんと730円でした！

7 マンションのベランダで土に触れる

数年前、隣町に六畳ほどの〝畑〟を借りて、野菜作りをしていた。

地主は地元の農家で、農具も苗も肥料も、すべてお膳立てしてくれるという便利なシステムだ。教えられた通りにやっていれば、誰でもある程度の収穫が得られる。地代込みで年間四万三〇〇〇円かかる。

野菜なんて、買って食べたほうが、時間も手間もかからないし、ムダも出ないのは承知しているのだけれど、どうしてもやってみたかった。土に触りたかったのだと思う。

畑を借りる前は、自宅マンションの二階のベランダで、ちまちまとハーブやミニトマトなどを育てていた。ガーデニング好きというほどでも、知識もないけれど、土からいろいろなものが生えて花を咲かせ、実を結ぶのが楽しかった。

ある年は、JAで頒布《はんぷ》している種もみをまいて「バケツ稲」を育てた。我が家のベランダのちっぽけな〝田んぼ〟に、スズメがやってきた。

ワタの種もまいた。日当たり良好とは言いかねる立地で、けなげに小さな花を咲かせ、真っ白な実をつけたときは感動した。さまざまな生命を育てる土には、ほかのものにはないパワーがある。


子どもが参加している造形教室で、いつも一番人気のプログラムは「土粘土」工芸なのだという。土を使った茶色のこの粘土に触れると、紙粘土や油粘土とは、生徒たちが明らかに違う反応を示すのだそうだ。

「土粘土の日は皆、ハイになりますね。みんな体温が上がるんです」

と、児童の美術教育の経験の長い講師の先生が言う。

いつだったか、生協主催の「田んぼの草取りツアー」に参加し、子どもたちも私も、初めて水を引いた田んぼに入った。

最初のうちは、

「ぬるぬるして気持ちわる〜い」

と言っていた子どもたちだが、素足に触れる未知の感触に大いにはしゃいでいた。素人の草取りなんて、大して意味ないだろうと思っていたのだが、地元の農

家によると、

「皆さんが田んぼを歩くだけでも、土の中に酸素が入り、稲のためによいのです」

なのだそうだ。田んぼも人が来ると嬉しいのかな？

驚いたのは、田んぼから上がったときである。曇り空のやや肌寒い日だったのに、ホースの水で泥を落とした後も、いつまでたっても足がぽかぽかと温かい。土には、体を温める作用があるのだろうか。

確かに、私も少し風邪気味のとき、無理して畑に行ったら、帰りには自然と体調がよくなっていたことがある。イライラした気持ちも、畑に行くとおさまる気がする。園芸療法が精神に効果を与えるのは、土の持つ力が大きいのかもしれない。

乾燥しがちなマンションのベランダは、階が上がるごとに、ガーデニングに向かなくなる。それでも、なるべく丈夫な植物を選び、土に触れる習慣をなくしたくない。

「小さいときに泥遊びをしなかった子に、アレルギーが多い」

などと、免疫学者が話すのを聞くとなおさらだ。汚れるからと、土に触れさせ

マンションのベランダにも 土を置こう

種もみを、土を入れた
バケツに「田植え」
して、育てた
「バケツ稲」

この年、「ワタ」もベランダで育てました。
黄色い花が咲いて実がなって、
まっ白なワタが取れました！
3～4個だけど

ないでいると、正常な免疫力が育たないという説があるらしい。

積極的に土に触れるのが無理でも、少なくとも、さまざまな微生物が棲み、生命をもたらす土を「汚い」なんて思う人にはなりたくない。

本当に汚いものって、土とか、生ゴミとか、糞尿《ふんにょう》ではない。それはたとえば、目にも見えず、においもないけれど、半永久的に遺伝子レベルで生物を侵す放射能や、今も多くの人々を脅かす地雷のようなものだろう。

※原発事故の影響のため、放射線量の高い地域では、無理して土に触れる必要はありません。

8

美しい野菜や果物を飾ろう

野菜や果物は、食べる前に、飾って眺めて楽しむようにしている。野菜を作っていることもあり、素材には事欠かない。

以前、隣町で定期的に開かれている朝市に出かけたところ、青々とした見事なターツァイを出店に飾っているのを見かけた。ここには、近郊の農家や個人が、生産物や、手作りパンやケーキを持ち寄ってくる。

ターツァイは大きなガラス鉢に生けられており、葉に露を含んで、それは美しかった。

「わー、きれいですね！」

と褒めると、その出店の女性は、

「そうでしょ！　あんまりきれいだから、食べる前に飾ってあげるのよ」

とほほ笑んだ。自分が育てた野菜に対する誇りと愛情を感じて、温かい気持ちにさせられた。

飾るものというと、つい花とか人形を考えるが、美しければ何だっていいのだ。そう思って台所を見回せば、ネギだって、ナスだって、新鮮なものは特に美しい。その女性を見習って、借りている畑で取れる野菜を、食卓やキッチンカウンター（我が家は対面式）に飾るようになった。

ニンジンは畑から丸ごと抜いてきて、葉っぱだけを切り落とし、ガラスびんに生けると、繊細な緑がわさわさと揺れて、ゴージャスな感じ。白い花と組み合わせると、野菜じゃないみたいだ。ピーマンとトマトをざるに盛っておいたら、

「なんか、リッチな感じだな」

と夫が言った。

もちろん、果物も同様である。春のイチゴ、夏のメロン、秋の柿に冬のミカン、どれを取っても、まさに静物画のモデルである。こんなに美しいものを飾らない手はない。

洋書のインテリア本を見ると、しばしばリビングには果物が飾られている。美しい上にいい香りが楽しめ、おまけに食べられるのだから、花より団子の人は、果物を飾るといいと思う。果物を飾った部屋は、ドアを開けると甘い香りが漂う。

ベランダで作る干し野菜

冬野菜はベランダを利用して、ザルやネットに広げて数日ほうっておきます。根菜はピーラーで薄く削るのがいちばん。完成したら一緒くたにビンに保存して、だし汁に直接ほうり込んで味を調えれば、具だくさんのおみそ汁の完成！

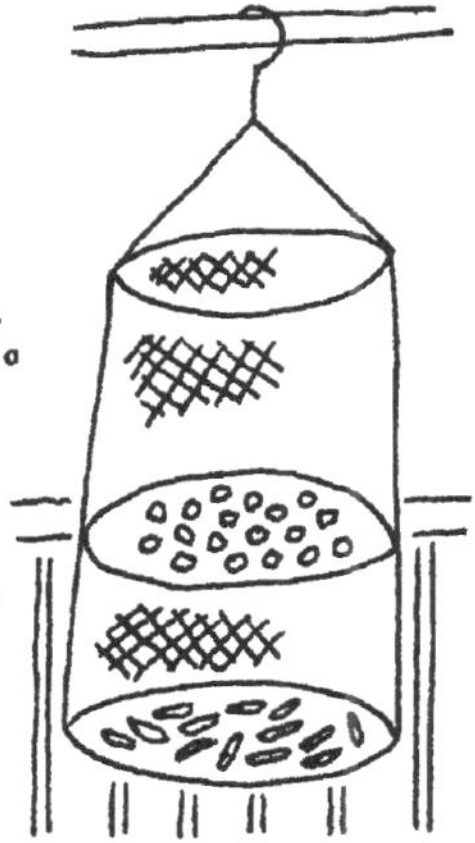

部屋に果物を飾ろう

果物は食べる前に必ず飾ります。なるべく国産のものを、輸入物ならオーガニックのものを買うように心がけています。

家の中だけじゃない。縁側、ベランダ、軒下など、ちょっとした屋外スペースにも、切り干し野菜がざるに載っていたり、カボチャやサツマイモがごろんと置いてあったりすると、何だかホッとする。根菜は、のんびり日に当てることで、甘みも増すようだ。

「食べ物」と思って見れば、それは今夜のおかずでしかないけれど、「食べる」という枠をはずしてもう一度見ると、芋も野菜も、違って見える。パリッとした薄緑の葉が、極薄のガラスのように見えるレタス。少し毛羽立った皮が、ぷっくりした中身をくるんで温かそうなサトイモ。どれを見ても、愛らしい。

美しいものを探して、外へ外へと目を向けるのではなく、自分の立っている周りをもっとよく見てみよう。よく見ることで、世界の解像度は上がる。そうすると、すぐそばにあった、何ということもないものが、じつはとても美しかったことに気づく。

メーテルリンク著『青い鳥』の中に、チルチルとミチルの兄妹が「よろこび」に出合うシーンがある。「よろこび」は、大笑いもしていなければ、豪華に着飾ってもいない。しかし、静かにほほ笑み、瞳は幸福で満たされている。

身の回りの美しいものに気づくことは、「よろこび」に出合うことに違いない。

9 ラジオは〝炊事の友〟

私はテレビが苦手だ。

別に、インテリぶってそう言っているわけじゃない。お笑い番組は大笑いしながら見ているし、面白いCMだって好き。質のよいドキュメンタリー番組に出合えば、テレビって素晴らしいメディアだなあと、つくづく思わずにはいられない。

ただ、しばしば皆がやっている、

「何かしているとき、BGM代わりにテレビをつけっぱなしにする」

というのが、どうも体質に合わないのだ。

テレビというのは、「音」と「映像」が同時に流れるメディアである。私にとってそれは、情報過多であり、その二つを同時に処理しようとすると、頭がものすごく疲れ、肩がこるのだ。だから、何かをしながらテレビを見る、ということはまずやらない。

もし、テレビをつけっぱなしにする状況があるとしたら（地震や台風のときなど）、音声は消して、映像だけにする。片方だけなら何とか処理できる。そうして初めて、安心してテレビをつけっぱなしにしておける。

そんな私が、家事、特に〝炊事の友〟としているメディアが、ラジオ。『オールナイトニッポン』を楽しみにしていた中学時代から、私はラジオのファンなのだ。

何しろ、ラジオと炊事は相性抜群。刃物や火を使い、常に手を動かす台所には、目が釘づけになってしまうテレビは合わない。それでいて、台所は半ば閉鎖されていて、外の情報が入りにくく、いつもちょっぴり孤独な気がする。何だか自分ばっかり働いているような気がして……。

そこで私は、小さな町工場の職人やタクシードライバーがよくやるように、台所にラジオを導入した。

今どきは、小さくて精巧なラジオがいくらでもあるけれど、台所には、あえて古めかしい大きなラジオが欲しかった。だから、ネットオークションで一九七〇年代のものとおぼしき木製のＦＭラジオを三〇〇〇円で競り落とし、台所の高い位置に置いた。

テレビよりもラジオが炊事の友

ネットオークションで
3000円で競り落とした
1970年代のものとおぼしき
木製のFMラジオを愛用
はかどるから
不思議～

朝起きて、台所に入ると、まずこのラジオのスイッチを入れる。地元局のいつもの番組の、その日のパーソナリティーの声を聞くと、

「〇〇さんか。じゃあ今日は金曜日だな、燃えるゴミの日だな」

などと、すっかり覚えてしまっている。

さらに、投稿の常連さんのラジオネームを聞いては、

「〇〇さん、子どもが生まれたのか～」

なんて親戚気分で喜んだり、面白いメールの内容にひとり爆笑したり。ラジオって、自分だけに語りかけてくれるように感じる、温かなメディアだ。

さらに、ラジオは言葉だけで情報を伝えることに長《た》けている。テレビなら、派手な映像を流して、

「わ～！　すごいですね～！」

と叫んでいればすむ内容も、ラジオでは、まさに言葉を尽くして説明しなければ伝わらない。伝え手の技量と情熱が伝わってくることも、ラジオの温かさの理由かもしれない。

何でも映像に頼る風潮からか、最近、話し言葉で物事を伝える能力が一般的に

低下しているのを感じる。我が家でも、子どもが、

「お水（ちょうだい）！」

などと言おうものなら、

「水がどうした！　お前は何が言いたいのだ！　主語述語を言え！」

と怒鳴っている。

解釈を相手に委ねたり、押しつけてはいけないし、危険であること、何でも言葉で説明できる能力を育てなければならないと思う。そういう力を養うお手本としても、ラジオは役に立っている。

ところで、私がラジオでいちばん感心するのは、「ラジオショッピング」の存在だ。

宝石、カニ、健康グッズと、じつにさまざまなものを扱っているのだが、いったい、映像もなしで、どれだけ売れるのだろうか。どんな人が、どんな理由で買うのだろうか。

ラジオでモノを売ってしまう人こそ、ものすごい言葉の使い手に違いないと、密かに尊敬している。

10

日記は気持ちのクレンジング

十歳の頃からずっと、日記をつけている。

継続してではなく、途切れ途切れではあるが、もう三十年以上になる。小中高時代のものは、とっくに焼き捨ててしまった（読み返した当時、あまりの恥ずかしさに抹消したかったらしい）。

が、二十代以降のものはおおむね保存してある。「使っていないモノはとっとと捨てる」主義の私にしてはめずらしい。

私は、日記の最大の効用は「デトックス（毒出し）」だと考えている。

クレンジングでメイクを落とし、洗顔し、化粧水をつけることで、気持ちよく一日を終えることができるのと同じで、その日にたまった心のホコリを文字にして落とし、きれいな状態に戻すのが、私にとっての日記だ。

だから、書いている内容は他愛もない。一日の行動の記録、食事の内容や子どもの様子、小耳にはさんだ他人の会話。高尚なことは何も書いていない。

でも、書かないと何となく一日が終わった気がしないし、気持ちが悪いのだ。アスリートが競技後にする整理体操、クールダウンみたいなものだ。

クールダウンって、決しておまけみたいなものじゃなく、おろそかにすれば筋肉を痛め、疲労をためてしまうものだという。日記で心のクールダウンができるなら、人といらぬ衝突をしたり、自分を責めたりという「心の事故」が防げるのではないか。

一時、自分の人生の危機と呼べる期間を経験した。

私はそれをこの世の地獄だと思った。眠ることもできず、起きていても何も手につかず、心が一瞬も静まらない。地獄というのは、死んでから行くところと思っていたけれど、何のことはない、今いるここがそうなのだった。

その期間も、私は毎日毎日長い日記をつけた。今、読み返したら号泣しそうだ。

誰も答えてくれない疑問、疑問、自問、自問、同じことばかりが繰り返される、絶望に満ちた文字の列。

隠し部屋に隠棲《いんせい》を余儀なくされたアンネ・フランクは、日記を唯一の心のはけ口とした。そうすることで、彼女はともすれば崩れそうになる精神の安定を維持していたのだろう。

私の場合も同じだった。苦しみのあまり絶叫したくなる自分を、辛うじて日記が押しとどめてくれた。アンネにとってのそれと同じように、紙とペンは我慢強い、最良の友だちだった。

やがて奇跡のようにその苦しみは去るのだが、痕跡はいまだに数冊のノートにとどめられている。

小説家・池波正太郎の師、長谷川伸が、

「日記をつけることは、人生を二度生きることだ」

として、池波に日記をすすめたエピソードをどこかで読んだ。

確かに、記録されたものを読み返すことで、もう一度「その時」を生きる魅力が日記にはある。ただ、「その時」の記憶がいまだ生々しい間は、読まないほうがいいようで、そうでないと、高校卒業時の私のように、恥ずかしさに身をよじらせながら焼き捨てる羽目になる。

昔を懐かしむよすがとしては、自分の内面を赤裸々に綴った日記は、濃度が濃すぎる。日記は誰の目にも触れさせる必要のないもので、そうして焼き捨ててい

カスタム日記 あれこれ
お菓子作りの
好きな人なら…
おやつ日記
将来カフェを
開く時の参考に…
ペットの
観察日記
写真にセリフを
つけてみる
ドライブ日記
ガイドブックの
編集者になった
つもりで…
チラシから
切り抜いた
写真や
チケットの
半券を貼って
映画日記
映画評論家
気分！
コーディネート日記
ワードローブの
データベース化が
できる
お片づけ日記
before
after
励みになります
ほかにも
いろいろ…

くのも一つの方法だが、私はそれ以来日記を捨てていない。なぜだろう?

最近、私は日記をブログにしている。友人たちのブログに触発されて始めたものだが、相変わらず、基本的に自分だけのために書いている。

写真が嫌いな私は、ほとんど写真を入れないので、皆のおしゃれなブログとは大違いの、文字ばかりの殺風景な画面だし、出てくる話は日々のささいな行動だ。他人が見ても面白いものではない。

それでも、公開して日記を書くことには、新鮮な楽しみがある。

以前だったら、「日記を人に見せるなんて!」と、一顧だにしなかっただろう。だが、友人たちの、忙しくも心の込もった日々を綴るブログを読んでいるうちに、何だか気が変わった。

日記であれ、文字は本質的に人を求める。書かれたものは、自分以外の誰かを求めているのではないか?

時折、友人たちがコメントをつけてくれることがある。鋭いツッコミあり、こちらの事情を知っての思いやりあり、その一言、二言が嬉しい。こんな小さなやり取りのある日記(ブログ)って、「心の縁側」みたいでいいな、とこの頃思う。

11

今あるモノを大事にする

雑誌やカタログ、インターネットのサイト。何を見ても、「素敵なモノ」の情報はあふれていて、眺めているとついつい欲しくなる。

「やっぱり、憧れの料理研究家の○○さんは、このお鍋を使っているんだ〜。これを使えば、もっとおいしい料理が作れるかも……」

などと思い始めると、

「いやいや、待てよ。今ある鍋でも十分、作れるんじゃないか？」

と、思いなおすことにしている。

これは、鍋に限らず、あらゆるモノに適用される。新しいモノを買う前に、今あるモノをもう一度よく吟味し、場合によっては手を入れてみるのだ。

持っている鍋が、古びてきて、何となくさえないなあと思うなら、ピカピカになるまで磨いてみる。すると、不思議なことに、新しいモノが欲しいという気持ちがすうっと消えていく。

新しい服が欲しい、あんなのもないし、こんなのも必要だ、と思ったら、本当にそうかどうか、手持ちの服を検証する。最近着ていないあれと、少し地味なこれに、こっちのスカーフを合わせれば、おお、まだイケる。やっぱりいいや。

これは、余計なお金を使わないためでもあり、次々と新しいモノを家に入れて、モノに暮らしを圧迫されないためでもある。私は基本的に、モノは使ってナンボだと思っているので、新しいモノをとっかえひっかえするより、一つのモノをいかにしてもっと使うか、ということのほうに興味があるのだ。

「最新性能の新製品」は毎日のように出てくるし、「有名人がすすめる逸品」には説得力がある。

でも「最新」はあっという間に「旧モデル」になるのだし、私は「カリスマ主婦」や「読者モデル」みたいな暮らしはしていない。いちいち同じモノを買ってはいられない。

お金もかかるし、第一、私にそんなにいろいろなモノを「持ちこなす」能力はない。さまざまな機能のついた新しいモノを次々買い替えるたびに、情報を集めたり、使い方を学習するのは大変。だから、今あるモノを今まで以上に使い倒すほうが好きだ。

今あるモノを最高に使いきる暮らしは、体にピッタリ合った、着慣れた服を着ているみたいに、気持ちが落ち着く。もし、素敵だけれど使いこなせないたくさんのモノに囲まれていたら、こんな気持ちになれるだろうか。


「人」についても、ある程度同じことが言えるかもしれない。

若い頃は、「出会い」を求める。新しい人との出会いに、新しい自分を見出そうとして、いろいろな場に出かけては、出会いを得ようとする。

でも、人はそうたくさんの人と出会わない。

確かに、自己紹介して、名刺交換して、いっとき楽しく会話したりはするだろう。しかし、それがイコール出会いではないのではないか。

出会いって、もしかしたら、「気づいたらいた」「元々あった」ような関係。そんな人たちとの関係を、もっと大切にしたい。たとえば、親きょうだいとか、夫婦とか。

結婚した友人同士とバカ話をしていて、時々、それぞれの結婚（夫）について、「あのときあっちを選んでいれば……」

なんていう「もしも」話になることがある。たいていはドッと笑い崩れる他愛もない流れのなかで、ふと思う。

あのときどっちを選んでいても、出来の悪いあみだくじみたいに、結局結果は同じになって、きっと私はここにこうしているんだろうな……。

出会いは、染色みたいなものじゃないだろうか。自分という染料が同じなら、どんなものを染めても、似たような色に染まる。相手が変わったところで、自分が変わらないなら、暮らしは同じ色になる。

一緒の暮らしも長くなると、すっかり飽きがきて、

「うちの人なんて、何言っても同じよ！」

と、投げやりになっている人がたまにいるけれど（私もたまに思うけど）、それはモノでいえば、「使いこなしていない・使いきっていない」状態かもしれない。見慣れたさえない夫だって、自分の出方次第で、磨き方次第で、変わるかもしれない。

せっかく出会ったモノも人も、大切にしなければ、だんだんつまらなく見えてくる。次々に新しいモノや人とつきあえる度量のない私、せめて、今あるモノを大事にして、体にピッタリな暮らしをつくっていきたい。

Chapter 2

見晴らしのいい部屋をつくる習慣

12

床に絶対、モノを置かない

私は元々、片づけが好きでも上手でもない。ただ、散らかっている空間にいると、どんどん心がすさんでいき、いろいろなことがうまくいかなくなるのを知っているから、渋々片づけている。

そして、片づけの基本中の基本といえば、

「床にモノを置かない」

これに尽きる。

「床の上のモノを片づけなさい！」

と、一日に何回子どもたちに言っているかわからない。口がすっぱくなりそうだ。自分でも、いったい毎日いくつのモノを床から拾い上げるだろう。日本のお片づけ、それは床に直置《じか》きしてしまったモノとの終わりなき戦いである。

洋画や洋書のインテリア本では、床にモノが直置きされていることはまずない。

これは、自宅に招き合う文化を持つ西洋人が、日本人と比べてインテリアに気を使うからだけでなく、靴を履いたまま暮らすというライフスタイルによるところが大きいそうである。

どんなに西洋化したかに見える日本の住宅も、靴のまま上がる人はまずいない。日本人にとって、靴を脱いで暮らしている家の中は、たとえ床の上でも「きれい」であり、「ついモノを置いてしまう」場所なのだ。

床の上にモノがない効果は絶大である。何しろ、掃除がラクだ。床の上にモノさえなければ、どんなに広い空間であっても、掃除機かけくらいあっという間に終わる。

広大なオフィスビルのフロアに掃除機をかけている清掃会社のスタッフが、眉間にシワを寄せていることはあまりない。オフィスビルの床には、おもちゃのパーツだの、夫の靴下だの、デパートの紙袋だのが落ちていることはないからだ。

映画やテレビドラマの制作の場で、〝散らかった部屋〟を一瞬で印象づけるためには、床の上にモノを散乱させるという。逆もまた真ならば、床の上にモノさえなければ、片づいて見える道理ではないだろうか。

床に置かないことを徹底できるようになったはいいが、モノが床の上から、椅子の上、テーブルや家具・家電の上に垂直移動しただけの場合もある。

床の上よりははるかにマシなのであるが、水平面の上にモノが積み上がっていることもまた、部屋を雑然と見せてしまう。「床に直置き問題」が解決したら、今度は「食卓・家具・家電の上に直置き問題」に取り組むステップアップが必要である。

置かないためには、置かない習慣づくりが必要で、それをサポートするのが、「置かないために置く場所をつくる」ことと、「そもそも置けないしくみづくり」である。

〝置かないために置く場所〟とは、主に外出から戻ったとき、ついその辺に置いてしまいがちなモノを収納する、〝ちゃんとした場所〟のことだ。私はそれまで、帰ったらそのままバッグや上着を椅子の背に掛けたり、その付近の床に置いてしまっていた。

つい置いてしまったが最後、それを片づけるのは容易ではない。床に置いたモノは、地縛霊のように祟《たた》るのである。

そこで、どうにかこうにか場所を工面し、帰ったらすぐにバッグを置く場所を、

床にモノがないって
ステキー！
そうじが
断然
ラクチン
新聞・
雑誌・本
デパートの
紙袋
脱いだ
くつ下
子どもの
オモチャ

特別に設置した。上着は、リビングの収納のドア裏に掛けたフックに引っ掛けておくようにした。

こうすると、少なくともバッグと上着は、床の上ではない、しかも視界に入らない場所に置かれることになる。それは、後にその上に築かれるに違いない、うず高い〝吹きだまり〟を予防する結果となった。それまでは、つい置いていたバッグと上着が、部屋の散らかりの基礎を築いていたのである。

もう一つは、〝置けないしくみ〟をつくること。

やはり私がやりがちだったのが、玄関に入ってすぐの靴箱の上に、カギとか、帽子とか、新聞や郵便物といった、細かいモノをつい放り出してしまうことだった。これは、散らかって見えるだけでなく、「アレ？　ない！　どこ⁉」といった大騒ぎにつながる危険があり、早々に改めるべき事項でもあった。

駅に鳩がすみ着いて、フン害が問題になることがあるが、その場合、しばしば取られる方法は、鳩が止まりそうな梁《はり》や出っ張りの上に、痛そうなギザギザの金属のトゲ様のものをつけてしまうことだ。哀れな鳩が止まれないよう、先回りしてしまうというわけだ。

これを援用して、自分がモノを置いてしまいそうなところにも、〝トゲトゲ〟

に類するものをつける。

鳩じゃないので、トゲというわけにもいかず、私が置いたのは、「お気に入りの、見て美しいモノ」

昔、香港で買った、金具の美しい鳥かごや、友人が贈ってくれたボルネオ少数民族の背負子《しょいこ》、弟がくれたとても古いセイコーの目覚まし時計といったモノだ。どれも見るたび気分がよくなり、しかも場所を取るのでモノが置けない。

ついついやってしまう自分の習性は、きっとまだまだあるに違いない。けれど、自分で自分をよく観察することによって、防ぐ手立てはいくらでも考えつく自信がある。

13

「重ねる・揃える・たたむ」の三原則

ちょっと忙しい日々が続き、少しでも片づけの手を抜くと、あっという間に部屋は散らかり、荒れ果てる。

子どもがまだ小さくて、家事、雑事、仕事に追われてまったく余裕がなかった頃の、我が家の状態もひどかった。よく、

「もし今私が死んで、地獄に落ちたとしたら、〝ここ、どっかで見たことあるなあ……〟と思うかも」

なんてことを、死んだ魚のような目で考えたりしていた。

そう、モノがゴチャゴチャで散らかった部屋は、時として地獄に等しい苦痛である。くつろげないし、イライラするし、作業もはかどらない。ごはんだっておいしくない。何もかもイヤになって、すべてを投げ出したくなることさえある。

そんな暗黒の時期を、ようやく抜け出した私が編み出したワザ（大げさ）は、

「重ねる・揃える・たたむ」

たとえば、何冊もの本や雑誌があちこちに散らばっているなら、とりあえずそれらを集めて、一ヵ所に「重ねる」。すると、数冊分の面積が一冊分になり、その分だけ片づいて見える。それも一瞬で。

ペンやアクセサリーのような不定形の細かいモノが、テーブルの上に散乱していたら、全部をトレーに入れ、テーブルの端に「揃えて置く」。拡散していたモノたちが一ヵ所に集中し、しかもトレーの角がテーブルの角と揃うから美しい。

「また着るから」と椅子や椅子の背に出しっぱなしの服は、全部たたんで重ねておく。ぐしゃぐしゃに丸まった服は、景色も悪い上にシワくちゃで着られたものじゃないけれど、たたんで重ねられた服は、シワも伸びていてすぐ着られる。着なくても、そのままタンスに持っていき、即、収納できる。

どんなに大量のモノが部屋にあっても、それがきちんと重ねられ、揃えられ、たたまれている限り、その気になればあっという間に片づく。

それがわかった今では、ついついその辺に置いてしまうときは、重ねて置くし、揃えて置くようになった。服を〝ちょい置き〟するとしても、必ずたたむように

なった。そうすると、片づいて見えるだけでなく、後が圧倒的にラクだから。

部屋がすぐ散らかり、いつまでたっても片づかないのは、狭いワンルームだからとか、古い社宅だからじゃない。豊富な収納を持つ豪邸だって、高級億ションだって、同じ人が住めば同じように散らかるはずだ。かえって広い分、散らかりのスケールもアップするかもしれない。

モノが散らかってイライラするのは、散らかったモノには、自分の意思が及ばないからだ。何本ペンがあっても、使いたいときにすぐ出てこなければ、書くことはできないし、放り出されてシワくちゃの服は、着ることができない。

散らかっているということは、モノがそこにあってそこにないという状態であり、モノが、持ち主である自分の思い通りにならないということである。

たくさんのモノがあっても、そこに「散らかすまいとする自分の意思」が働いている限り、散らかることはない。「自分の意思」をどう働かせるか——そう、重ねて、揃えて、たたむことを通じてである。

本でいっぱいの、ごちゃごちゃの部屋があるとする。そこにもここにも、大量の本が積み上げられ、今にも崩れ落ちそう。目的の本を探し出そうとすれば何日もかかる。これでは、何百何千冊持っていても、持っていることにならない。

一方、大規模図書館ではどうか。個人の蔵書をはるかに凌駕《りょうが》する何万、何十万という本がそこにはあって、しかも児童書から百科事典まで、あらゆるジャンルにわたっている。

しかし、図書館は整然として美しい。それは、図書館分類法にしたがってジャンル分けされ、しかるべき棚に、背の位置を揃えて収納されているからだ。そこでは、どんな本でもあっという間に探し出すことができる。だから、公共の財産として役立ち、多くの人の利用に適《かな》う。

忘れてはいけない重要事項を、一日に何件も処理する看護師が、しばしば手の甲にボールペンでいろいろな数字を書いているのを見る。

「片づけられない」と悩むなら、片づけのマニュアル本を読むより、アレを真似してみるといいかもしれない。手の甲に「魔法の呪文」を書き、何かモノに触れるたびに、それを唱えるのだ。

「重ねる・揃える・たたむ」「重ねる・揃える・たたむ」……。

時々、そう唱えながら片づけている自分に気がついてハッとし、誰かに聞かれていないことをそっと確かめる私である。

14

寝る前・出かける前、五分の〝小片づけ〟

「ホコリじゃ死なない」

「散らかっていても困らない」

とうそぶいてはみても、やっぱり普通は、散らかっていると困る。

散らかっていて困ることの最たるものは、

「やろうと思っていることにすぐ取りかかれない」

ことだろう。

料理をする前に、調理台やシンクをまず片づけなければならない。家計簿をつける前に、食卓を片づけなければならない。そんなことばかりやっていたら、料理も億劫《おっくう》になるし、家計簿だって挫折しそう。

特に困るのは、朝だ。朝っぱらから、片づけないと何もできない状態では、一日のスタートからすでに出遅れてしまう。マラソンで言えば、スタート地点で足がもつれ、転んでしまった状態だ。

そんな事態を避けるために、寝る前になるべく片づけておく。子どもたちがお風呂に入る前に、床のおもちゃは全部片づけさせる。「捨てちゃうよ！　いいの!?」なんて脅しながらだが。子どものモノ以外が落ちていたら、即糾弾されるので、コッソリと拾って歩く。これで、お風呂上がりには、散らかっていない床が出現する。

取り込んだ洗濯物は、山積みにしておかないで、最低限、家族の人数分のカゴに仕分けしておく。余力があればたたみ、さらに余力があれば、それを収納に戻す。

そして、食卓の上には、何もないようにする。

食後の食器は、レストランのウエートレスのように、大きめのトレーに全部載せて、一気にシンクへ運ぶ。

油のついたものと残飯は、カットしてある新聞紙でざっと拭いたり捨てたりして、水につけておく。汚れが浮けば、洗い物はグッと楽になる。

シンクを顔が映るまで磨く……なんてことは、まず滅多にやらない。モノがなければいいじゃん。あとは、鍋類をサッと洗ってお米をとぎ、翌朝のみそ汁用の煮干しを水につけるだけ。

食器以外のモノは、「本の山」「紙の山」「文具の山」などジャンル別に分ける。トレーに載せたり、カゴに入れたりし、それぞれの収納場所に配達して歩くか、余力がなければ、テーブルの角にきれいに揃えて置いておく。

コレだけやっておけば、朝の三十分で鍋炊きごはんとみそ汁、夫のお弁当とお茶が用意できる。合間に洗濯機くらいは回せる。


書いていて自分でも「ゆるいなあ」とは思うのだが、そのときの「余力」のあり方で、段階的にできることを区切っているのだ。できない日はできない。でも、本当に最低限のことだけはやっておく。そうしないと、翌日がキツいことがわかっているから。

昨日の散らかりを残した部屋で何かやれと言われても、朝から体が動くまい。昨日があって、今日があるのだ。明日こそ頑張りたいなら、明日じゃなくて今、ちょっとだけ頑張ったほうがいい。すると、明日は自動的に頑張れる。

子どもがまだ小さい頃は、お出かけ前というと毎度毎度の大騒ぎ。

「おしり拭きが！」

「タオルと着替えが！」

と、持っていくモノは多いわ、出かける前に吐かれるわ、ゆとりのないことおびただしい。したがって、散らかったまま、アタフタと家を出るのが常だった。

しかし、出かけるときはいっぱいいっぱいで気づかなかったのだが、楽しい気分で帰宅し、ドアを開けた途端、どんより……。何、この部屋……、となるわけである。疲れて帰った日には、なおさら。帰った途端に、片づけを始めなければならないのだから。

そんな繰り返しに、さすがに学習して（子どもに少し手がかからなくなってきたことも大きいのだが）、

「片づけてから出かける」

ことが定着してきた。

寝る前の片づけの簡易版で、

「床のモノを拾って、掃除機またはフロアモップをかける」

「食卓の上を片づける」

時間にして五分程度のことである。

だが、これをやってあるのとやってないのとでは、帰ってからの展開がまった

く違う。やってあれば、すぐに買ってきたお菓子を広げ、お茶など淹《い》れてくつろげる。

やってないと、暗いところでおもちゃのブロックを踏んで泣き出し、くつろぐ場所を確保するために片づけを余儀なくされ、食事はなかなか出てこず、しまいには怒鳴り合いの阿鼻叫喚《あびきょうかん》である。恐ろしいではないか。

家庭を平和に保つために、今日も私は片づける。五分でいいのだ、五分で。

この5分が重要！
寝る前5分の小片づけ
出かける前5分の小片づけ
行ってきまーす！
オヤスミ
・床にあるモノを片づける
・食卓を片づける
・床にあるモノを拾って掃除機またはフロアモップをかける
・食卓を片づける

15

収納はぎっしり詰め込まないで

押入れに戸棚、引き出し、クロゼット……。およそ収納というものは、少しでも空いていれば、そこに何かを並べたくなる。だって、すき間がもったいないから。

でも、今では私も、その誘惑に打ち勝てるようになった。**すき間があっても、それ以上モノを詰め込まない。すき間は、すき間のままにしておく。**

たとえば、天袋。体積でいったら、けっこうなモノを収納できる。

「普段使わないモノを収納しましょう」

と、収納の本にも書いてある。で、収納する。レジャー用品とか、季節の品々が、たくさん納まる。とても賢いやり方である。

ところが、ひとたびここから取り出して使ったところで、再び戻すのに、どうしてあんなに時間がかかるのか。

旅行カバンも、浮き輪やスキー用品も、いつまでたっても天袋には戻らないで、生活空間に入り浸っている。あるいはあそこは〝シャバ〟ではないのか？

私は、天袋はシャバではないと思う。あそこは、部屋の中にありながら、どこか異空間に通じる、この世ならぬ空間。だから、一度しまったが最後、すっかりそこにあるモノの存在は忘れてしまう。そして、次の引っ越しまで思い出さない。引っ越すときは捨てるときだったりする。だったら、最初から捨ててしまって差し支えなかったのではないか。

そんな空間だから、モノも戻りたがらない。モノだってやっぱり、シャバがいいのだ。なかなかしまえないのは、私が根性なしであるばかりではないと思う（思いたい！）。

天袋ばかりではない。私は昔、〝収納のセオリー〟にしたがって、「押入れの奥を活用する」ことにハマっていた。押入れの天井に金属のポールを吊るしてクロゼット状に仕立て、奥まで服が掛けられるようにしたり、押入れの奥深くまである、大きな「押入れタンス」を通販で買ったりしていた。

押入れの奥まで服が掛けられるのだから、たくさんの服を収納できる。奥側は季節外、手前が季節の服と使い分けることができるし、手前と奥の二段構成になっている押入れタンスは、奥側の引き出しと手前の引き出しをチェンジすることで、衣替えが完了という、よく考えられた商品だった。

でも、気がつくと、着る服はいつも、手前の服ばかり。手前にはギチギチに服が掛かっているのだが、奥側は意外にスカスカ。押入れタンスも同様だった。

季節の変わり目には、まだ半袖が必要だったり、厚手のセーターを着たい日もあったりと、ある日突然気候が変わってしまうわけでもないので、ついついいつまでも衣替えがすまない。

その結果、工夫したはずの「押入れハンガー」も「押入れタンス」も、「手前」にはいつもモノが無理やり突っ込んであるのに、奥側は一向に活用される様子がない。押入れの奥も天袋同様、一種の「あの世」だったのだろうか。

だから今は、無理にこういうところにモノを詰め込まない。小柄な私は、台所でも、台に乗らないと届かない上の棚には、ほとんどモノを入れない。取り出すのはいいとして、しまえないからだ。

だから、以前はこういうところにしまっていたモノの中で、使うモノはもっと

天袋や押入れには
モノを詰め込まない

出したら最後！元に戻らず
生活空間に居座るものが
いっぱい
なんで
こうなるの？
夏、海に行った時
押し入れから
取り出したままの
浮き輪
旅行で使って
そのまま
出しっぱなしの
大きなカバン
冬、スキーへ
行った時、
天袋から取り
出したままの
スキー用品

しまいやすい「シャバ」に移動させ、その場所を空けるために、ろくに使っていないモノを捨てた。つまり、母数を減らした。上の棚は、私にとって存在しないも同然なのだ。

よく、テレビでやっている「収納法」を見ると、

「ホラ！　こうすれば三倍、モノが入ります！」

などと大喜びしているが、しまっているモノを見たら、お寿司についてきたワサビの小袋だったり、シャンプーや化粧品の試供品だったりする。

そんなもの、三倍詰め込んでどうする⁉

センスのいい人の収納を見ると、ギチギチにモノを詰め込んだりはしていない。必ず一〜二割のすき間を確保してある。センスのない私がこれを目指すには、すき間を見ても、じっと耐えることである。まだ何か置けそうな、すき間……！

「何も見なかった。見なかったことにしよう」

そうすれば、いりもしないモノを取っておく誘惑を振り切ることもでき、一石二鳥でもある。ガマンが大事である。

16

自分に必要なモノの適量を知る

今の世の中、〝広告〟がついていないものを探すほうが難しいんだなあ、と思うことがある。

テレビは、ほぼ広告で成り立っているし、ある種の雑誌は広告のためにつくられている。新聞の中にも折り込みにも広告がいっぱいで、インターネットの個人ブログにさえ広告が満艦飾《まんかんしょく》だ。時々、「買え！　買え！　買え！」と耳元で大合唱されているようで、うるさい。

こんな世の中では、買い物しないでいるほうが難しい。ちょっと外へ出れば、きれいなモノ、素敵なモノ、便利なモノが次々に目に入る。うっかりしていると、次々買ってしまいそう。

そんな自分を制するためには、「自分にとっての適量」を把握し、そこからモノがはみ出さないためのルールをつくっておくことだ。

たとえば一頃、私は冬用のアウターは二着しか持っていなかった。黒のウールのロングコートと、キルティングのカーキ色のブルゾンだ。

コートを黒にしたのは、冠婚葬祭にも対応させるため。ロング丈にしたのは、下に着るものを選ばないことと、温かいから。一方のブルゾンは、ライナーと、フードと、ファーがついていて、それぞれ取り外しできる。

秋の初めにはライナーなしで、気温が下がるにしたがって、ライナーやフードやファーをつけて、寒さに対応できる。丈は短めなので動きやすいし、普段はジーンズばかりで、行動半径二キロ以内の私の暮らしには、これ一着でも十分なのだ。だから、この二着が私の〝適量〟。

とはいえ、大しておしゃれじゃない私でも、

「わっ、この服いいなあ。それに今だけ三割引きだって!」

「あの人が着てるあの服、素敵! あんなの欲しいな〜」

なんていう誘惑(?)に、しょっちゅうグラッとくる。

服、少ないんだから、もう一着くらいあったっていいよね。

そしてそのたび、思いなおす。

今の私の暮らしに、その服がないと困るシーンって、あったっけ?

子どもの保育園の送り迎え、学校のPTA、スーパーでの買い物、ほぼこれで構成されている私の日常には、「キルティングのブルゾン」があれば十分足りた。特別寒い日は、重ね着を増やし、ストールをぐるぐる巻きにして保温力を強化する。

それで足りないシーン（仕事など）には、黒のコートがあれば問題なし。それ以外の状況が、今の私の暮らしにない以上、これ以外の服は必要なし！という結論にいつも至ってしまう。

服じゃなくても、たとえば鍋でもそう。現在の私が作る料理に必要なのは、

1、五リットルの圧力鍋　2、二リットルの片手鍋
3、一・二リットルの片手鍋　4、土鍋
5、小さい揚げ鍋　6、フライパン　7、中華鍋

この七つだけとわかっている。

作らないとわかっているから、おしゃれなパエリア鍋はいらないし、「ル・クルーゼ」も素敵だけれど、結婚祝いにもらった「ビタクラフト」でたいていのも

のは作れるし、と考えると、欲しいとまでは思わない。

バッグは四つ、靴は六足、タオルは大中小各八枚、グラスもコーヒーカップも一種類ずつ。それが私／我が家の、現在の〝適量〟だ。それを超えて持つことは、暮らしのバランスを崩す。


自分の〝適量〟って、自分の暮らしを検証すればわかることだ。

確かに、そのモノは素敵だけど、今の私に必要か？　今の私はそれを有効に使えるか？

将来的には、それが必要になったり、使いこなせるようになったりする日は来るかもしれない。でも、少なくとも今の私に、そのモノが必要じゃないのなら、今は買わないし、持たない。くれると言われても、断るか、もっとそれが必要なほかの人に譲る。

大丈夫、それが本当に必要になったときには、必ず手に入る。今から一生懸命、「その時」に備える必要は全然ないのだ。そう思えば、必要なモノってそう多くはないことがわかる。むやみに欲しい気持ちが湧くこともない。

ただ、〝適量〟を守るためには、その内容が、自分の本当に求めているモノで

必要なモノの適量を守ろう

たとえば、私の作る料理に
必要な鍋の量

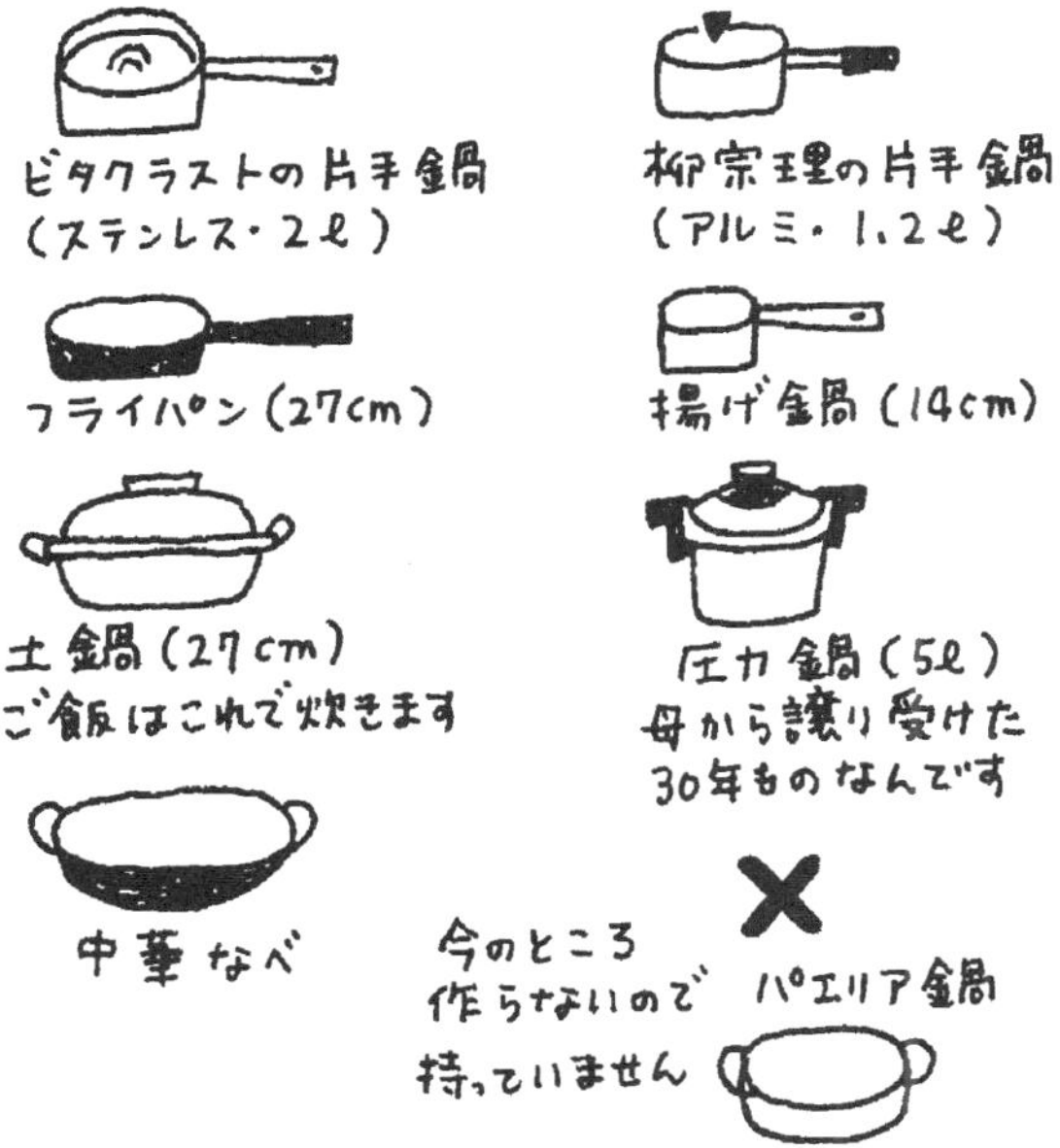

あることが条件だ。その七個の鍋があれば、私が作るものは何でも作れるし、一種類のグラスで、熱いものも冷たいものも両方飲めるし、色も感触も気に入っているタオルはオーガニックコットン。どれも、使うたび気分がいいし、長く使いたいと思えるモノばかり。

そして、〝適量〟は一定ではなく、暮らしの変化とともに、常に変化していくものでもある。子育てがもうちょっとラクになって、出かけるシーンが増えたら、私にも、もっと別の服が必要になるかもしれない。作る料理が変われば、使う鍋も変わるかもしれない。

その時々の〝適量〟を知るためには、やっぱり、自分の暮らしをしっかり見ていくことが必要なのだ。

17

迷ったら、「色・柄・飾り」のないモノを選ぶ

それほど時間をかけて選ぶ必要がないモノを選ぶとき、私はあまり迷わない。それは、迷いのない潔い性格だからではなく、迷うのが面倒くさいからだ。そして、迷わなくてもすむ、単純な選択基準を自分の中でもう決めてしまっているから。それは、

「迷ったら、〝ない〟ほうを選ぶ」

ことだ。

以前仕事で、片づいた家、片づかないのが悩みの家、両方を訪問する機会があった。

片づいた、といっても、モノが何もないわけではない。片づかないと言うけれど、やたらとモノが多いわけでもない。

どちらの家にも、テレビがあり、電子レンジがあり、食卓と椅子、ソファがあ

った。細かいモノが出たままになっている点で、片づかない家はモノが多いように見えるけれど、片づいた家にもそれらはあって、きちんと収納できているらしかった。

この二軒の家の違いは、何なのだろう。

片づかない家で目立ったものは、いろいろなキャラクターの柄と、それゆえのカラフルな色彩だった。とにかく、あらゆるモノに「何か」が描いてあるのだ。

キャラクターのマグカップに、キャラクターのスプーン。

かわいい柄物のカーテンに、模型の果物のカーテン留め。

UFOキャッチャーの戦利品。

一〇〇円ショップで購入した、カラフルなバスケット。

一つひとつはそれほど大きくはないけれど、ここまですべてに「色・柄・飾り」のいずれかがついていると、正直、目が疲れる。しばらくいるうちに、目だけでなく、脳が疲れてくる。何しろ、何を見ても、「何か」ついているのだ。

一方、片づいた家には、色が少ない。広々とした壁は白だけれど、全体がまったく無彩色というのではない。要所要所に色は使われているのだが、柄は控えめで、飾りはほんのわずか、限られたところに少数のモノが、見るからに大切そうに置かれているだけ。

柄でいっぱいの家では、誰も口を開かなくてもにぎやかな雰囲気で、何となく忙しい気分になったが、この家では、なぜか時間の流れがゆっくりと感じられた。

本当に、どういうわけだか、「色・柄・飾り」がないだけで、家の中は片づいて見え、くつろいだ気分になるのだ。「色・柄・飾り」がたくさんあっても美しい部屋、居心地のいい部屋というのもあるが、そんな部屋の持ち主は、例外なく高い美的センスを備えている。そして、残念なことに、私自身にはそれが欠けている。それが、私が〝ないほう〟を選ぶ理由だ。


何色もあるうちから選ぶなら、白か透明を選ぶ。

柄がついているモノと無地のモノなら、無地を選ぶ。

飾りがついているのとついていないのなら、ついていないほうを選ぶ。


こういう選択の仕方は、ラクだし、暮らしを複雑にしない。白や透明なら、たくさんあってもうるさくならないし、少々形や大きさが違っても揃って見える。

いろいろな柄モノがあると、目にもうるさいし、たとえば服なら、花柄とチェックは、センスがないと合わせづらい。だが、無地と無地ならぶつかることがない。自然と、組み合わせて使うことが容易になる。少ないモノで暮らすとき、〝組み合わせ〟は必須だ。

飾りがついていると、どんなモノでも手入れが面倒になる。掃除、洗濯に自信がない私、なるべく単純でフラットなモノがいいのだ。

ただ、このような選び方をしていると、ともすれば、

「没個性的」

「無難なだけで面白みがない」

家になりがちだ。

でも、私はそれでもいいと思っている。私の個性なんて、たかが知れている。つまらない個性を主張したいがために、自分が苦労する（片づかない、ゴチャゴチャして見える、イライラする）くらいなら、没個性的でかまわない。

ただ、本当にコレが好き！　コレを置きたい！　使いたい！　というモノに関しては、どんな色だろうが柄だろうが、置くがいい、使うがいいとも思う。

たとえば、たまにあるけれど、

「大人になっても部屋じゅうキティちゃんだらけ」

「持ち物すべて〝鉄道〟一色」

みたいなモノの持ち方は、ある意味潔いシンプルさがあって、嫌いじゃない。

赤が好きで、気がついたら何でも赤、大好きだから、全部「ローラ・アシュレイ」になっちゃった、そんなのもいい。

それは、その人が〝それ〟が大好きで、その世界に浸っているのが幸せ！　という表現だから。そうではなく、

「粗品や景品でもらったから、好きじゃないけど使っている食器」

「一〇〇円ショップで買うとき、何も模様がないと寂しいから〝country love〟（意味不明なローマ字）って書いてあるほうにした」

なんていう選び方が、部屋を〝疲れる場所〟にしてしまうのだ。

大好きなモノ以外は、なるべくプレーンに、ニュートラルに、中立的に。

そうしないと、〝大好きなモノ〟が何だか、私などすぐに忘れてしまうから。

18

捨てるモノを探すクセをつける

何となく気分がスッキリしないとき、イライラしているとき、落ち着かない気分になると、私の目はひとりでに、身の回りにある〝捨ててもいいモノ〟を探し回っている。

映画『ターミネーター2』で、アーノルド・シュワルツェネッガー演じるアンドロイドが、三次元のグリッドをスキャンして目標物を探し出すシーンがあるが、あんな感じ。

「何か捨てるモノはないか〜」

ナマハゲみたいである。

使っていないモノ。好きじゃないモノ。断りきれず、ついもらってしまったモノ。勝手に家に入ってきたモノ。壊れているモノ。なぜかあるモノ。

制限しているつもりでいても、いつの間にかこういうモノたちは、身の回りにあふれてくる。そういうモノをサーチしては、「捨て」を実行するのだ。空間に余裕ができ、見ていてイラッとするモノが減っていく。気持ちが軽くなって、モヤモヤした気分が少し、ラクになる。

このとき、特に気になるのが、

「ダブっている」

モノだ。同じモノが何個もあるのも気になるが、もっと気になるのが、機能が重複していることだ。

「AはBで代用できる」

「Cの機能とDの機能が重複している」

と思うと、無性に捨てたくなってしまう私である。バカみたいだが、どうも私は昔から、何かが「ダブる」ことが好きじゃないらしい。ダブりに気づくと、途端に体が重く、暑苦しく感じるのだ。

たとえば、先日もあったのだが、ずっと探していた、〝この色の、このデザインの、この素材の靴〟が、ようやく手に入った。しかし、それまで履いていた靴も、まだまだ十分履ける。素材だって悪くない。さて、この古い靴をどうするか。

いかにダブりの嫌いな私も、まだまだ履ける靴を、新しい靴を買ったからといって、ポイッと捨てられるほど割り切った人ではない。ここでチラリと浮かぶ考えは、

「雨の日に履けば……」

「予備に取っておけば……」

というもの。

しかし、ここでまたよくよく考えてみる。

確かにその古い靴は、まだまだ履ける、足にも合っている。

だけど、ではなぜ新しい靴を探していたかというと、そのデザインに満足していなかったからだ。素材もつくりもいいけれど、ヒールの形がイヤ、デザインも色も地味すぎてイヤ。この靴を買ったときは、育児真っ最中で、とにかく安定したヒールのものを探していた。色も、目立たない無難な色がよかったのだ。

でも、それから数年たち、子どもたちが大きくなるにつれ、暮らしのスタイルも少しずつ変わってきた。着る服も変わった。そうすると、あのときベストの選択だったはずのその靴が、今の私には合わなくなってきたのだ。

これまでの私が、雨の日だからといって、特別に雨の日用の靴を履いただろう

か？　よほどの雨降りなら、別に持っている防水のスニーカーを履くだろう。予備って、何の予備？　そう考えると、古い靴を再び履くシーンはなさそうだ。

服と違い、古い靴は人に譲りづらい。まだまだ履けるとはいえ、十分履き込んだ靴である。私の足の形になってしまっている靴を、他人が履けるとは思えない。

ここでようやく、「捨てる」という選択に至る。

そう、「捨てる」って、なかなか大変な作業なのだ。

まだ使える、なおせば使える、そう考えれば、みんな使えるモノばかり。だが、現実問題として、本当に使うだろうか？　なおす手間とコストを負担できるだろうか？　ということを考えたら、モノを残す網はグンと粗くなる。

モノは、気持ちよく使えば薬となるが、ただ持ち続けているだけなら、毒となる。毒に満ちた暮らしは、心と体を損なっていく。

私の母は、何でも大事に取っておくし、捨てられない。「もったいない」は、昭和十年代生まれのあの世代の人たちに、深く刻み込まれた価値観であり、それはそれで否定できない美徳でもある。

しかし、その子ども世代である私たちは、親世代の価値観を受け継いでいるように見えて、実際は、大量購入・大量消費の使い捨て文化の中で育っている。私たちの言う「もったいない」は、じつは「捨てるのがめんどくさい」の隠れ蓑《みの》になっていないだろうか。

捨てるのは、気力も体力も必要だけれど、暮らしの見晴らしをよくしておくために、とっても大切なことだと思う。罪悪感と闘いながらも捨てることを怠ると、暮らしの垢《あか》はたまる一方なのだ。

19 一物多用で、モノをダブらせない

子どもの頃、母が何かの景品を余計にもらって喜んでいるのを見て、「同じモノが二つも三つもあって、なんで嬉しいんだろう」と不思議に思っていた。

「だって同じじゃん。一個あればいいじゃん」

洋服や消耗品なら、

「いくつあってもいい」

という考えは、モノがダブるのが大嫌いな私には、当てはまらない。

たとえば、台所で使うラップフィルム。

幅三〇センチのと二〇センチの両方を揃えているお宅が多いようだが、我が家は二〇センチのほうだけ。理由は、同じラップが二種類あるのがイヤだから。

普段使うサイズは、圧倒的に二〇センチのほうが多い。だから選んだのは二〇

センチ。ところが、時々それでは足りない大きさの皿や野菜を包むことがある。そのときだけ、ラップを二回切って、重ねて使う。これで事足りるので、時々三〇センチのラップを景品にくれるというときは、断るか、誰かにあげる。

水も、熱いお茶も、ワインも同じグラスで飲み、それをデザート容器にも使う。コーヒーも紅茶も同じカップで飲む。同じサイズの皿も一種類ずつ。洋服は着替えがないと困るので、同じような雰囲気の服を複数持っているが、靴とバッグはダブらせない。

この間、いつも違う素敵な服を着ている人のお宅を訪問したら、玄関先に似たような色のブーツが何足もあって驚いた。おしゃれな人なので、微妙に違うデザインを、服によって履き分けているのだろう。どれもピカピカだったから、お手入れもきちんとしているに違いない。私にはできない芸当である。

同じモノをいくつも持つのは、広からぬ家に住む私にとっては、第一に場所ふさぎである。選ぶのに迷ったり、収納を考えたりするのも面倒だ。一個しかなければ、迷いようがないし、なくしようがない。複数持つと、汚れを落としたり、磨いたりする手間も、その数だけかかる。一つなら一度ですむ。

だから、モノを選ぶときは、同じようなモノの中でも、なるべく多目的に使える、いちばん気に入ったモノを、と心がけている。ただ、そういうモノを探すのは容易でない。だから、私はなかなかモノが買えない。

以前、国産のよしずの生産者が、国内で後継者が育たないことを憂い、海外で人材育成するために、中国に行った話を読んだ。

国産のよしずの技術はきわめて高い。技術移転をすることで、従来よりはるかに高品質で長く使えるよしずがつくれるようになる。従来の何倍も長持ちする製品ができる。

そう説明したところ、現地の人から、

「長持ちなんかしなくてもいいではないか。そんなにいいモノが一つだけあるより、並のモノでも、二つも三つもあったほうが豊かではないか」

と言われ、理解してもらえなかったということだった。

つまらないモノが二つも三つもあってもしょうがないと、私なら思う。いずれはゴミが二倍、三倍になるだけではないか。

でも、実際には、この中国の人と同じような基準で持っているモノがあるかもしれない。

「ダブらない」ことを信条としている私だが、自分の暮らしを振り返って反省する。「安くて便利」につられて、すぐに飽きてしまうモノを買っていないだろうか。

センスのよい雑貨を扱うセレクト・ショップでも、一〇〇円ショップでも、ちょっとした文具や小物など、同じようなモノが手に入る商品はたくさんある。

たとえば、小物入れのようなものだったら、モノとしての機能はあまり変わらないだろう。だが、セレクト・ショップの小物入れは、一〇〇円ショップの何十倍の値段である。だからといって、一〇〇円ショップの小物入れが何十個もあったら困るだろう。

セレクト・ショップの小物入れは、質のよい素材と美しいデザインで、見るたび嬉しくなる。だから、何年も使うことになるだろう。価格は多少高価になっても、それに見合う満足感と、使用期間が得られれば、それは相対的に安い。そして、暮らしが豊かになる。「たくさんある＝豊か」ではなく、「少ないよいモノを楽しんで、大切に使う」ことこそ豊かなのだ。それを徹底していくことで、暮らしと人生を楽しみたい。

Chapter 3

シンプルな心とスリムな体になる習慣

20

ジムよりプールより、一日一万歩！

「書く仕事」の困ったところは、忙しいほど座りっぱなしになることだ。昔、ある人気作家のマネージャーに聞いた話だが、その作家さんは、締め切り前は一日十六時間書いているという。こうなるともう、深刻な健康問題である。

そんな売れっ子作家とはワケが違うが、ライター業の私もご多分にもれず、常に運動不足である。特に、子どもが生まれてからその傾向が顕著になった。子連れで徒歩は時間がかかる。それが二人に増えると、今度は危険である。自然、自転車か車での移動が多くなった。

元々、スマートとは言いかねる私の体型に、慢性的運動不足は致命的だ。加えて、三十代後半になると、基礎代謝量が落ちて、体重は増えやすく減りにくくなる。かくして、産前の体重から最大一〇キロも増えたとき、以前の服はすべて着られなくなった。

ダイエット本のゴーストライター経験もある私、ダイエットの王道が、「食事と運動の二本立て」であることくらい承知している。もう若くない年齢であるならば、ただ食事を減らすだけではダメで、脂肪が減らずに筋肉が減ってしまう。どうしても、ある程度の運動が必要なのだ。

しかし、育児に追われ、仕事もあり、しかもそれは在宅ワーク。運動する時間なんてありゃしない。せめて一日三十分、ジムかプールに通えればいいのに……。

ここでハタと、かつて取材した医師の話を思い出す。

「ジムやプールは効率よく運動できますが、どこか特別な場所に行かなければできない運動ではダメ。何も持たず、お金もかからない運動がいちばんで、それが〝歩くこと〟です」

確かに、ジムやプールは、家の目の前にあるのでない限り、雨が降れば行く気が失せるし、行ったら行ったで着替えなければならない。上がったらシャワーの一つも浴びなければならない。

運動する時間は三十分でも、前後にその何倍もの時間がかかる！　それに、スポーツクラブに車で通うのって、なんかバカバカしくない？　だったら、スポーツクラブまで歩いて行って、そのまま歩いて帰ればいいのだ。

運動が大の苦手で嫌いな私、十分走るのと、四十分歩くのが同じ消費カロリーだったら、四十分歩くほうがいい。幸い私は、歩くことは嫌いじゃない。むしろ大好きで、二キロや三キロは平気で歩く。医師のおすすめは、「とにかく、一日一万歩を目標に」。

そこで私は、万歩計を買った。「TANITA」の、一見デジタルオーディオ風のデザインで、鋭敏なセンサーつきの、バッグの中でも使えるもの。これに、お気に入りのガラスのアクセサリーをつけることにした。

ただ漫然と歩くだけでは手ごたえがないが、自分の動きを数字で見ることは、強力なモチベーションになる。

「あんなに歩いたつもりなのに、たったの三〇〇〇歩⁉」

などと、最初は暗澹《あんたん》としていたが、次第にやる気が湧いてきて、

「今日はあと一〇〇〇歩か〜。コンビニに行って、ゴミ袋買ってこよう」

なんて、あと一息が頑張れる。

面白いもので、こうやって自分の努力が数字になると、今まで、

「忙しいから、歩く時間なんてない！」

と思っていたのが、

「子どもをバスで送ったら、帰りは歩こう」

「買い物のついでに、郵便局へ寄ろう」

と、ちょこちょこ歩く時間を増やすことができるようになった。

「歩く＋食事に気をつける」ができるようになると、体重はてきめんに減ってくる。私の場合、最大五キロ減に成功した。歩くこと以外に運動はしていないし、三食しっかり食べ、時々ビールを飲んだりしていたけれど。

その後、「食事に気をつける」がおろそかになって、三キロ戻してしまったが、相変わらずせっせと歩いている。歩いてさえいれば、やせないまでも太らないことがわかったから。この年になると、前進なくとも、後退なければ勝ちだと思っている。ちなみに、一日二万歩近く歩くと、どんなに食べても体重は増えない。ただし、クタクタになる。

普段、外に出ない、人と話さない環境で仕事をする、引きこもり系主婦の私も、外へ行くときは眉毛くらい描かなければならないし、部屋着では出られない。多少は人目を意識して、背筋を伸ばして歩くことが、気持ちを前向きにしてくれる。

歩くことの最大の効用は、じつは精神的なものらしい。

21

大切な人のぬくもりに触れよう

子どものくせに「肩がこる」などと言っている子を見ると、大丈夫かと心配したくなるが、私もそうだった。覚えている限り、小学校四年生頃から、自分で自分の肩や腕をしょっちゅう揉《も》んでいた。

自分で自分をマッサージしているうちに、どこを押すと気持ちがいいかわかるようになる。勘で〝ツボ〟のようなものがわかってきて、そのうちすっかり、マッサージが得意になってしまった。

これは、同じ肩こり体質の父親にとても好評で、私はしょっちゅう父親の肩や背中を揉まされることになった。

「肩、揉んでくれ」

と言いつかったら最後、なかなか「もういい」とは言ってもらえず、それには閉口したが、それでも、

「ああ、おかげで肩が軽くなった。今日はよく眠れる」

などと言われると嬉しくて、私は肩揉みを断ったことがない。

父親ばかりではない。世の中、肩こりさんは多いもので、

「肩こってるの〜」

という人には、ついつい、

「ここ、どう？　効く？」

と、マッサージを始めてしまう。この頃になると、『ツボの本』みたいな健康書も読破しているので、

「ここが痛いのは、胃が疲れてるんじゃない？」

なんていうトークも出てきて、ちょっと偉そうである。

「おっ、おお〜！　そこそこ！　なんでわかるの⁉」

こうなると面白くてやめられない。もう、趣味のようなものである。

今ではすっかり素人マッサージ師気取りの私、家族や友だちなど、周囲の人にますますマッサージしまくって、喜ばれたりイヤがられたりしている。

とはいえ、誰にでもマッサージができるわけではない。

マッサージをするということは、服の上からであっても、その人の体に触れることである。つきあいの長い人であっても、できる人とできない人がいる。できる人は、お互いに本当に心を許せる人であり、自分の内側をさらけ出せる人、「安全な人」だけだ。どんなに立派な人だと頭でわかっていても、心を許せる人とは、また別なのである。

私のは単なる素人マッサージで、プロのような効き目があるわけではない。でも、マッサージする、肌に触れることで、言葉を交わすことの何倍も、相手と語り合えることがあるのを、いつからか感じるようになった。

思春期の、最も父親を疎ましく思う時期にも、マッサージだけはしてあげた。絶対にわかり合えないと思った、腹立たしい父の背中が、数年前に比べてハリを失っていることに気づいたときの、静かな悲しみ。

初めての出産直後、まだ片言も言えない我が子の夜泣きやぐずりにうんざりしていた日々、見よう見真似のベビーマッサージもどきをしてみた。けたたましい鈴の音のような笑い声が、小さな体からはじけたときの、言いようのない幸福感。温かい肌を互いに感じるだけで、人は心を通わせることができるのだ。

ある夜、友人の父上の訃報に接した。

共通の友人と、夜更けにひとり暮らしの彼女の住まいを訪れると、翌朝羽田に発つ準備をすませた彼女の部屋は薄暗く、線香の香りが漂っていた。

「ありがとう。でも、大丈夫だから、帰って。もう遅いし」

気丈に笑いながら私たちを玄関に押しやる彼女に、何も言えず、私たちは黙って彼女をきつく抱きしめた。薄いてのひらが冷たい。

すると、あんなにけなげに振る舞っていた彼女が突然、堰《せき》を切ったように号泣し始めた。私たちは、テーブルに飾られた父上の写真を見ながら、抱き合ってしばらく黙っていた。

言葉を使って仕事をしている私だけれど、そのくせ、というか、だからこそ、というか、言葉がいかに無力であるかを知ってもいる。本当に誰かを慰めたいとき、愛していることを伝えたいとき、言葉はじつは、あんまり役に立たない。

マッサージは口実なのかもしれない。そうでもしなければ触れることのなくなった家族や、ちょっぴり遠慮のある友人の肌に触れる。その温かさを確かめる。握手する。頬に触れる。ハグする。

人と人との距離が、何だか遠くなってしまっている今、それは、もしかしたら、私たちが思うよりずっと大事なことなのかもしれない。

22

体を意識して冷やさない工夫

「足腰を冷やすな」

若い頃、母にも祖母にも、耳にタコができるほど聞かされた。でも、それはタコができる前に、右から左に通過するばかりだった。私全然寒くないも～ん。

ところが、いくら若くても、それはまったくの思い上がりだったことには後から気づく。

若い頃の私は、冷え性とは無縁の、いつでもポカポカ手足。それをいいことに、

「私、冷え性じゃないから」

と、平気で真冬に薄着や裸足で暮らして得意だった。

しかし、冬はよくても夏がいけない。手足がカッカとほてって、熱くて眠れないのだ。あまりの熱さに、私は足の裏に氷を当てたり、水で冷やしたりしたが、一向にほてりはおさまらない。逆に、ますます熱くなる一方だった。他人に、

「ホラ、私の手、熱いでしょ？　もう、気持ち悪くって」

と、てのひらを触ってもらっても、

「別に？　熱くなんかないよ、普通よ」

と邪険にされる。誰にもわかってもらえないってつらい。

そんな私も結婚し、三年目にしてようやく子どもを授かった。すでに三十二歳となっていたが、人生の貴重なイベントと大はしゃぎ。どうせなら、病院ではなく助産院で産みたいと、東京・向島の有名な助産院の門を叩いた。

経過はまあまあだったが、出産直前になると鉄が不足して貧血気味、いよいよ陣痛が始まってもすぐに引っ込む微弱陣痛、分娩には結構な時間がかかり、やや難産となってしまった。健康だけには自信があった私としては、予想外の展開だった。

出産直後、青息吐息の私に、高齢の助産師は言い放った。

「あなた、体が冷えきってたわよ」

冷えのために体がなかなか開かず、ちゃんとした陣痛もつかなければ、分娩にも時間がかかってしまったのだという。

エッ、私、ほてりはあっても冷えはないはず⁉

産後、人に聞いたり、本を読んだりしてわかったのだが、私のあの謎のほてりは、いい気になって体を冷やし放題にしてきたツケだったらしいのだ。夏には冷たいものを飲み放題、冬になっても薄着で裸足。冷たい飲み物は体を内臓から冷やしてしまうし、上半身はともかく、女性は腰から下を冷やしては、絶対にいけないというのに。

あまりに冷やされた体は、あるときほてりに反転する。私の手足のほてりは、冷えきった内臓の悲鳴だったらしいのだ。

すっかり恐れをなした私、人が変わったように「冷え」を忌むようになった。ほてりは温めれば治るという。夏でも靴下を手放さず、パンツは二枚重ね、氷の入った飲み物を避け、サラダをやめて温野菜にした。

するとてきめん、ほてりは引っ込み、真夏の夜も安眠できるようになった。さらに、冬に風邪をひくことも減り、三年後にはめでたく第二子にも恵まれた。あのとき自分の「冷え」に気づいてよかったとつくづく思う。

今では家族にも、滔滔《とうとう》と冷えの害について説き、体を温める料理を作っては出し、外食についてくるお冷やの氷を断っている。我が家では、アイスを食べてい

とにかく体を冷やさない！
外食の「お冷や」は
お茶に替えてもらう
または「氷を入れないで」
とひと言
アイスクリームは
夏だけ！
夏も、食べるなら
屋外で
おへそが隠れるもの
上半身は
薄着でもOK
パンツは2枚重ねる
寝る時は腹巻きが
Good
カイロ
冷える人は
服の上から
カイロをペタリ
腰から下は
要注意！
膝下スパッツは
おすすめ！
オフィスの中だけでも
夏でも靴下
（ほてる人は）
スリッパを履く
特にこの辺
（三陰交）を温かく！
生野菜サラダ
39～40℃
冬は食べない！
温野菜にしたり
根菜スープも！
たまにはぬる湯の
長風呂に
（汗をかくまで）

いのは真夏だけである。気がつくと、祖母と母と同じことを言っている。

出産は、大切なことを私に教えてくれた。

「体は、使えば減る」

それまでは、若さにまかせて、睡眠不足や暴飲暴食など、何とも思っていなかった。どんなに酷使しようが、どうせ自分の体だもの、減るもんじゃなし、なんて思っていた。だが、徹夜明けの舌を見てごらん、真っ白だから。体だって、使えばその分減るのだ。体と言ってわからなければ、それは命のことだ。

それなのに、若い頃は、どこかが痛くても、違和感があっても、のど元過ぎれば熱さ忘れて、自分の月経周期にすら、ろくに関心を払っていなかった。

それよりもっとほかのことに関心が向いていたし、そっちのほうが大事だと思っていた。要するに、自分の体なんて元気で当たり前、大切なのは頭と頭がつくり出す無限の（と思っていた）世界だったのだ。

しかし、若い頃はそれでもどうにかなっても、年とともに追いつかなくなっていく。体を冷やさない、というのは、自分の体に敬意を払い、大切に扱うことの表れだ。この一つしかない体を、もっと大切に扱い、いつくしむことをしなければ、体はどんどん心から離れていくだろう。

23

気づいたら、姿勢をなおす

私の母は背が低い。それを悔しがっていた母は、だからとても姿勢がいい。そうしないと、余計ちっちゃく見えてしまい、損だから。

私に対しても、子どもの頃から、

「ホラ、背中が曲がってる！　姿勢をよく！」

としょっちゅう注意していた。結局、私も母に似て背が高くはならなかったので、今、同じことを子どもたちに言ってうるさがられている。

姿勢って、あらゆる分野において、いちばん先に指導される項目だ。

学生時代、吹奏楽や合唱をやっていたけれど、姿勢に関しては、どちらでもまったく同じ指導をされた。

編集の仕事に就いて、健康系の取材をたくさんしたけれど、そこでもやはり同じことを聞いてきた。何をやるのでも、基本は姿勢であり、それはある程度共通している。

・立つ場合は、肩幅に足を開く。
・肩の力は抜く。
・背筋を伸ばすが、反り返らない。
・頭のてっぺんにつけられた糸で、天井から吊るされているつもりで立つ。
・下腹に力を入れる。

どんなジャンルであっても、この辺は見事に同じ。音楽はもちろんのこと、ヨガ、気功、座禅、ウォーキング、バレエ、野口体操、剣道など、どの指導者も、このように指導していた。

音楽や武道・スポーツにとどまらない。アートの世界でも、じつは同じらしい。上の子の書道の文字があるとき、なぜか突然バランスよくなった。よくよく聞けば、小学校にいらっしゃった書道の講師が、姿勢についてとてもきめ細かく指導してくださったらしい。

また、上の子も下の子も通う造形教室の先生には、下の子の姿勢の悪さを指摘され、それは食事を通じてなおすようにアドバイスしていただいた。

書道も絵画も、やはり姿勢が大切なのだ。どちらの先生も、「たとえ書いて（描いて）いるのが利き手だけでも、必ず両手を机の上に出してバランスをとること」の重要さを説いていた。文字も絵も、利き手だけではなく、全身で書く（描く）ものだからだそうだ。

姿勢がよくて困ることは一つもない。スタイルがよく見えるし、腹筋・背筋を使うから健康にもいい。颯爽《さっそう》として、前向きで積極的な人に見える。たとえ美人でなくても、必要以上に不美人には見えなくてすむかもしれないなら、とりあえず姿勢だけはよくしておいたほうがいい。何しろ、今すぐできて、何の技術も道具も必要なくて、一銭もかからないのだから。

見た目だけではなく、姿勢のよし悪しはメンタルな部分にダイレクトに影響する。陰気なことを考え、後ろ向きな気分のときは、どうしたって背中が曲がって、下を向きがちになる。パチンコ屋や競馬場から下を向いて出てくる人には、結果を聞かなくたってよくわかる。

下を向いていると、どういうものかイヤな思い出が後から後から浮かんでくる。悪いほうへ悪いほうへと、まるで坂を転がり落ちるように、考えがどんどんマイナス思考になっていく。下を向いたが最後、愚痴や悪口はいくらでも湧いてくるし、どんなに明るいことを考えようとしても無理。

しかし実際は、落ち込んで憂鬱《ゆううつ》な気分のときほど、深呼吸して背筋を伸ばすべきなのだ。試しにやってみるといい。

「背筋を伸ばし、空を見上げて、愚痴を言う」

絶対に続かないから。たぶん、人は、姿勢よく暗いことを考えられないようにできているのだ。

ごくごくたまに、口を開けば愚痴と悪口ばかりという人に出くわすが、十中八九、姿勢が悪く、上目遣いである。こういう人に立ち向かうには「とびきり明るい笑顔攻撃」「背筋伸ばし攻撃」がいちばんだ。そもそも、姿勢をよくしていると、そういう人はまず寄ってこない。

寒かったり、疲れていたりすると、たちまち崩れるのが姿勢。気がついたら、

「姿勢！」

と自分にカツを入れ、不運や愚痴につけいられないようにしなければ。

24

心を落ち着かせる呼吸のすすめ

吹奏楽や合唱をやっていたので、呼吸にも関心がある。当時習ったように、普段からなるべくゆっくり呼吸することを心がけている。

ゆっくり、といっても、それは吐くときだけ。吸うときはなるべく短い時間で、それでいてなるべく大量に吸い込むように努める。私はろくに泳げないけれど、多分これは、水泳と同じだろう。

音楽なら、息を吐いている時間がイコール音を出している時間だし、水泳ならそれは泳いでいる時間だ。のんびり吸っているヒマはない。吸う時間は短いほどいい。

その代わり、吐く時間はゆ――っくり、それも一定のペースで。吐く息が途切れ途切れだったり、吐き終わりが息も絶え絶えでは、音楽にならないし、水泳なら酸欠だ。

「スッと一瞬で鼻から吸って、フゥ――――ッと細く長く、口から吐く」

という訓練を、音楽を通じてやってきたわけだが、気がついたらこれは、座禅の呼吸法と似ているのだった。

座禅では、心の平安を得るために、

「頭を働かせない、考えない」

訓練をするのだろう。しかし人間、考えないでいることは、一瞬だって難しい。大したことを考えていないように見えても、というより、大した考えを持っていないからこそか、頭の中はいつもザワザワしている。

「考えまい、考えまいとしても、考えるのをやめることができないなら、考えまいと考えるのではなく、いっそ〝呼吸法〟に集中してください」

以前、座禅の会に参加したとき、指導の住職はそう言った。

結跏趺坐《けっかふざ》して背筋を伸ばし、印を結ぶ。目は半開きにして、斜め四十五度下、一メートル先の壁を見る。そして、

「スッと一瞬で鼻から吸って、フゥ――――ッと細く長く、口から吐く」

体が前傾してはダメ。目を閉じてはダメ。寝るのは論外。体が左右に揺れてはダメ。呼吸が乱れてもダメ。「無念夢想」なんてどうでもいいから、とにかく外

から見て判断できる基準をクリアしなさい、というわけだ。禅って、意外とマニュアルなのだな。

しかし、一つひとつは簡単でも、それを全部一緒に守るのは、とんでもなく難しい。腹筋は疲れてくるし、体は前後左右にひっきりなしに揺れる。動かないでいるだけでも大変である。グラビアモデルってすごいと思った。撮影の間、動かない上、ずっと笑顔でいなければならないのだから。

ざわついた心を静かにすることなんて、凡人にはなかなかできることではない。イライラやソワソワは、なかなかコントロールできない。自分の心なのに、思う通りにならない。それが、私たちの困ったところだ。

ところが、体なら、どうにかこうにか、ある程度はコントロールすることができる。言われた通りに座り、言われた通りの視線で、言われた通りの呼吸法を守る。慣れないうちは四苦八苦だけど、何度も何度も繰り返すうちに、少しずつできるようになる（と思う）。

つまり、どうしようもないことをどうにかしようとするのはとりあえずあきらめ、「どうしようもできる」ことをする。それが呼吸だ。心が言うことをきかないなら、心を包んでいる体を訓練する。

消化や呼吸、内分泌などを司《つかさど》る神経系統を「自律神経」という。「自律」というから自分でコントロールできるのかと思えばそうではない。英語では「autonomic nervous system」というほどで、自分の意思とは関係なく働き、全然自律じゃない。

ストレスの多い現代は、自律神経に異常をきたす人も多いけれど、自分でコントロールできない以上、どうしたらいいのだろう。

そんなことを以前、ヨガの講師に尋ねたところ、こんな答えが返ってきた。

「確かに、心臓も胃も腸も、自分では動かせないし、コントロールできない。しかし、ただ一つ、自分でコントロールできる臓器があって、それは、肺です」

なるほど！　肺は呼吸によって自分でコントロールすることができる。つまり、呼吸を整えることで、微力ながら自分の体と心をコントロールすることができるのだ。どうにもならないことをどうにかしたいなら、遠回りみたいだけど、呼吸を整えるといいらしい。

それを知ってから、自分だけでなく、他人の呼吸にも気をつけるようになった。電車の座席で、眉根にシワの寄った人や、役所の窓口で怒鳴り散らす人を見ると、

「この人、呼吸が浅いな」

などと思うし、子どもが焦ってバタバタしていたら、

「大丈夫、ゆっくりでいいから、ハイ、息をゆっくり吐いて！」

と声をかける。

「深呼吸」とは、「息をたくさん吸うこと」ではない。吸うためには、吐ききらなければいけない。いたずらに吸うばかりでは、過呼吸になってしまう。吐ききれば、あとは勝手に入ってくる。

25

自分にしっくりくる「型」を見つける

最近は、ちょっとおしゃれな女性なら、皆爪に気を使っている。きれいな形に整え、TPOに合わせてマニキュアを塗り替えたり、ネイルアートしたり。爪のおしゃれを楽しんでいるのを見ると、素敵だな、うらやましいなと思うのだが、私にはできない。私は、爪がちょっとでも伸びていると、途端にイライラしてしまうから。

私の爪ときたら、小学校の衛生検査にも合格してしまいそうな短さで、せいぜい、その短い爪に、薄い色のネイルカラーを塗るくらい。たまーに、おしゃれな人に触発されて、爪を伸ばしてみることもないではないが、やっぱりダメ！　三ミリ以上長い爪では、何かをつかむにも、作業をするにも、うまくいかないし、力が入らないのだ。

また、髪の毛が顔にかかるのもイヤ。仕事や家事に取りかかる前は、必ず髪をぎゅーっと一まとめに結わえて、その集中度によっては、さらにバンダナや手ぬぐいを巻きつけ、一筋の髪も顔にかからないようにしておく。そうしてようやく、集中して作業に没頭できる。

だから、せっかく美容院に行っても、帰ってごはんを作る段になると、もういつものひっつめ頭に戻っている。これじゃ、美容院に行った意味、あまりないかも……。

とはいえ、

「短い爪と、顔丸出しの髪型」

は、私にとって、ささやかな実力を出しきるための、不可欠な条件なのだ。もし、爪切りと髪を結わくゴム（太めのものがベター）がなかったら、私はすぐに無力の人となり、その二つが来るまで立ちなおれないだろう。言ってみればこのスタイルは、私にとって「型」みたいなものなのだ。

誰にでも、こんな「型」があるのではないだろうか。

ある人にとっては、シャネルの○番の口紅であり、ある人にとっては、八センチのハイヒールであり、白衣であったり作業着であったり、人によりいろいろだろう。もちろん、君島十和子さんばりの巻き髪や、黒崎えり子さんみたいなネイルが必要な人もいるに違いない。

自分と不可分な「型」を見失うと、落ち着かない、不安な気持ちになる。

若い頃から流行に乗るのが苦手で、かなり自己流のファッションで生きてきた私。平気で、着物（当時はまだ若者は着ていなかった……）やアオザイで外出してきたが、年を経て、子どもが成長するにしたがって、このままではまずいのでは？　と思い始めた時期がある。

周囲のママたちは、皆上品でこぎれいなファッション。いつまでもボサボサのひっつめ頭とヘンな服ではなく、もっとコンサバなカッコしたほうがいいのかな？　実家の母にもいつも怒られるし。

テレビに出てくるファッション評論家が言う。

「オバサンは、年なりのモノを着ないと、みっともないわよ」

若づくりしているつもりじゃないんだけど、そう見えてるのかな。もう、自分の好きな髪型や服のままじゃ、いけない年なのかな。

そこで、美容師に相談し、

「今いちばん人気のあるうちで、落ち着いた雰囲気」

流行よりも自分にしっくりくることが大事

短いツメと、ひっつめのお団子は
私の「型」みたいなものなんです…

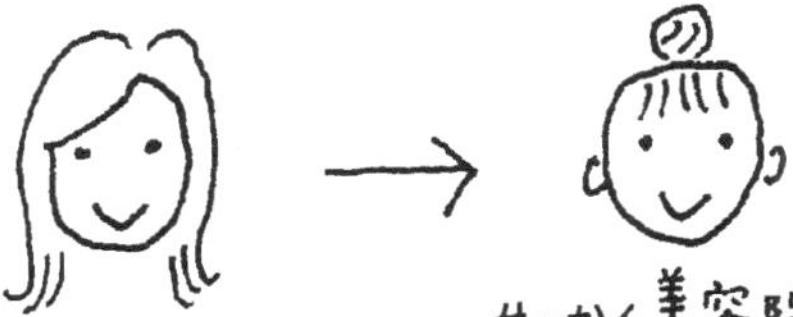

せっかく美容院に
行っても、意味ない
かも…!?

まるで小学生の
ような3ミリ
までの短いツメ!

の髪型にしてもらった。服装も、「目立たない、おとなしい、上品」をテーマに、少しずつ買い替えていった。

久しぶりに会う人は、似合う、素敵、などとおせじを言ってくれ、実家の母も（そして夫も）、喜んだ。ちょっとの間は、自分でも満足していた。

でも、本当は全然しっくりこなかった。何というか、違う生き物のカラを間違ってかぶってしまったみたいな。同じ間取りの隣の家で暮らしてるみたいな。私は、私の「型」を見失ってしまっていたのだ。好評だけど気持ちの高揚しないファッションに、私は次第にうんざりしていった。

気がつくと、いつの間にか、ゆるパーマのセミロングはひっつめ団子に逆戻りし、無難で上品な服は、どこかに寄付してしまった。私が好きで、着ていて気分がいい服は、スーツよりパジャマに近い服なのだ。流行とはほど遠いし、誰にも褒めてもらえないけど。

確かに、傍目にも痛々しい若づくりというのはあるし、TPOを無視したファッションは世間の迷惑だ。それは知っている。

だからといって、何から何まで「世間の常識」に合わせて生きていかなきゃならないとしたら、私が私である意味がない。それに、自分の力も出しきれない。だから、自分の「型」を、もう少し世間の常識から浮かないレベルに調整して、これからも続けることに決めた。ファッション感覚がすぐれている人なら、こんなに迷うことなく、自分のスタイルを確立できるのだろうけど、そうでない私は苦労する。

でも、苦労しつつも、流されず、自分の「型」を昇華させていく、というのもアリじゃないかな。そう思うと、ちょっぴり楽しくなってきた。

26

封を切って、すぐ食べられるものは買わない

衣・食・住では、食にいちばん重きを置く私、もちろんできる限り、おいしくて安全なものを食べたいと思ってはいる。

とはいえ、食費には限りがある。すべてを無添加無農薬、有名ブランドのお取り寄せ、というわけにはいかない。食品を購入するのは、生協のほかには、近所の普通のスーパーである。

旬や鮮度、なるべく国産の、できれば居住地に近いところで取れたもの、添加物のなるべく少ないもの、と、食品を選ぶ基準はいろいろあるが、非常に大ざっぱだが、コレだけ守ればまあOK、という自分の目安がある。それは、

「封を切ってすぐ食べられるものは、なるべく選ばない」

おやつのお菓子は別として、食事に出すものとしては、なるべくそういうものを選ばないようにしている。パック入りのお惣菜、コンビニスナック、レトルト

やインスタント、冷凍食品、びん入りのたれやドレッシングがそれである。

理由はいくつかあって、一つには、私個人の希望「(これ以上）太りたくないから」。

以前、栄養士さんに聞いたところによると、

「太る冷蔵庫と太らない冷蔵庫があります。太る冷蔵庫には、開けてすぐ食べられるものばかり入っています」

なのだそうだ。右に並べたような食品と、菓子パンやスナック菓子、ペットボトル飲料などがその代表らしい。こういった食品は、おしなべてカロリーが高く、その割に栄養価が低い。

太らない冷蔵庫には、料理しなければ食べられないものが入っている。野菜や肉・魚などの素材だ。切って加熱して味つけしなければ食べられないから、食べるまでに時間がかかる。そのタイムラグが、食べすぎを阻んでくれる。

また、調理の方法によっては、油や調味料を加減することもできるので、摂取カロリーを抑えることも可能だ。そのため太りにくいといえる。

もう一つの理由は、「高くつくから」。

封を切ってすぐに食べられるということは、もう完成しているということであり、値段には調理代も含まれていることになる。同じ食品を自分で手作りした場合と比べ、どうしても割高になる。コンビニおにぎりが一個一三〇円。五キロ二〇〇〇円の米なら、一合六〇円。一合あれば、大きなおにぎりが二個作れる。具は別として、材料は塩と海苔《のり》だけだ。

先日、奥様が亡くなった男性が、自炊ができないためすぐに食べられるものばかり買って食べていたら、栄養が偏って体調が悪化し、食費がかさんで年金生活を圧迫した、という新聞記事を読んで、さもありなんと納得した。

さらに、いちばん大きな理由はやはり、「安全性」だろう。

封を切ってすぐに食べられる、その封の中身に何が使われているか、私たちは本当には知ることがない。

「厳選素材」と書いてある素材が、本当に新鮮だったのか、消費期限を過ぎたものだったのか。原材料名の欄に書いてある「油脂」って、いったい何の油脂なのか。「遺伝子組み換えでない」と書いてあるものは売っているけど、「遺伝子組み換えです」と書いてあるものは売っていない。表示義務がないから。結局、自分の目で見たわけでもないものを、どこまで信じるかという話になる。

「すぐ食べれるもの」よりも「食材」を選ぶ

「太りにくくて、コストが低くて、安全」

それを求めると、買い物カゴの中身は、

「生サンマと大根、ホウレンソウ、豆腐と卵、ワカメ」

といった構成になる。今夜のおかずがバレバレなカゴである。パッとしないかもしれないが、でもそれが私なりの、暮らしのクオリティーのつもり。

レジの前に立った人のカゴの中身が、

「菓子パン、冷凍食品、レトルト食品、パック入りお惣菜」

だったりすると、そしてその人が子連れだったりすると、余計なお世話だが内心不安になる。

とはいえ私も、風邪をひいて寝込んだ折は、家族がこれらのお世話になることがある。急場しのぎにはありがたいけれど、続くとつらいものだ。こういうときは、ゴミ出しの袋が異様に大きい。「封を切って食べられるもの」の「封」って、どれもこれもプラスチックで、箱ばかり大きくてかさばるんだもの。

熱が下がってようやく回復し、自分で作ったおひたしやごまあえの、しみるほどおいしいこと！「食」を自分で把握していないと、暮らしはガタガタになる。そのために、なるべく素材で買う、を守りたい。

Chapter 4

頑張りすぎない、おつきあいの習慣

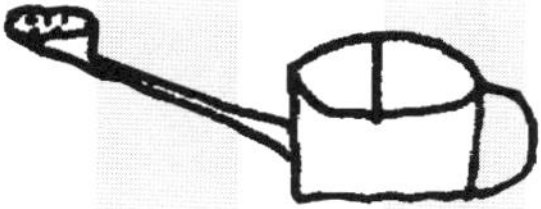

27

いい悪口とわるい悪口

「人の悪口は、言わないようにしよう」

まったくの正論である。人の悪口なんて、言うもんじゃない。

だけど、人の悪口というのは、じつはいちばん楽しくて盛り上がる話題なんだから困ってしまう。

電車の中で、混んだコーヒーショップで、

「聞いてよ……、○○主任ったらさ、またなのよ！」

なんていう高らかな声が耳に飛び込んでくると、思わず聞き耳を立ててしまう。

会話は、○○主任がいかに〝困ったちゃん〟で、〝空気が読めない人〟で、おかげで課のみんながいかに迷惑をこうむっているかについて、延々と続くのだが、悪口を言い合っている人たちの様子の、楽しそうなこと！

「えー、あなたも言われたのー」

「そうなのよ！　信じられないでしょー⁉」

いい大人が、女子高生みたいにキャーキャーはしゃいでいる。ついつい引き込まれて、会話に加わってしまいそう。

私、こういう悪口は嫌いじゃない。だって、聞いているうちに、なんだか○○主任に会ってみたくなってくるから。悪口を言い合っている人たちも、ノリノリになっていくうちに、○○主任が嫌いなんだか好きなんだか、よくわからなくなっていくみたい。

こういう悪口の特徴は、悪口を言われている人の人となりが、イキイキと描かれていることである。豊かかつ巧みな表現のおかげで、たまたま聞いている他人にまで、その〝困ったちゃん〟のキャラクターがまざまざと浮かんでくる。

ただ、悪口にはもう一種類ある。

そちらの悪口を言い合っている様子は、遠くからでもわかる。数人が顔を寄せ合って、ひそひそと話している。その背中は必ず曲がっている。腕組みしている。

「そうそう、そうなのよ……」

「ウソ、いやだ……」

表情は暗く陰惨で、誰も笑わない。こういう悪口の輪を見かけたら、なるべく近寄らないようにしなければならない。まして輪に加わってはいけない。胃腸の具合が悪くなるし、シワが増える。場のネガティブなパワーに感染するからだ。

この手の悪口は、先の華やかな悪口と違って、表現力に乏しい。その悪口から見えてくるのは、

「こんなに迷惑をこうむっている、かわいそうな私」

「ひどいあの人と、全然悪くない私」

でしかない。悪口の対象者の像が、まったく浮かんでこないのだ。

前者が、ありとあらゆる多彩な表現を駆使して対象者を語るのとは違い、こちらはひたすら、グチグチ言うだけ。聞いていてちっとも面白くないし、疲れるだけだ。偶然耳にしても、反射的に耳をふさぎたくなる。電車の中などで長く聞かされるのも迷惑である。


「いい悪口」というと変だけれど、聞いていて不愉快じゃない悪口って、すごく頭を使っていると思う。知的であるか否かの違いは、そこに〝笑い〟があるかどうかだ。ユーモアをもって語ることは、知性なくしてはできない。

どんなにイヤな奴でも、単なる憎しみの対象としてではなく、表現する対象と

してとらえ、仲間と笑いを共有しようと考えた途端、なぜか親しみをもって見ることができるようになる。〝イヤな奴〟が〝とんだ困ったちゃん〟〝面白いオッサン、オバサン〟に変化する瞬間である。

どんな言語でも、悪口の表現は豊かだ。「悪口の表現」「悪口のボキャブラリー」に関する研究や書物は多い。「褒め言葉」のそれは見たことないけれど。人類は悪口を言いながら、歴史を刻んできたのだ。

「悪口を言わない」に越したことはないけれど、人類である以上それは難しいのでは？ と思う。まったく誰の悪口も言わない立派な人にはなれない私。せめて、「どうせ言うなら、ポジティブでクリエイティブな悪口」を心がけている。

仲間うちで、誰かの悪口が始まったら、なるべくそれを〝笑い〟の方向にもっていく。すると、笑いの連鎖反応が起きて、悪口はどんどんポジティブなものになっていく。あーだこーだと言い合っているうちに、何だかその人が憎めなくなってくる。そんな悪口だったら、

「まっ、いっか」

28

見返りを求めて、プレゼントしない

たまたま誰かに、何かをしてあげることがあっても、お礼を言われたいとか、感謝されたいとは、決して思わないように心がけている。

自分では「してあげた」つもりでも、相手にとっては「ありがた迷惑」なことだってある。「してあげた」というのは、勝手な思い込みの場合もある。

たまたまそういう仕儀になった折も、

「迷惑だったかもしれないけれど、勝手にやらせていただいた」

くらいのスタンスでいたほうが、自分にも相手にも負担がかからない。逆に言えば、そう思える程度のことしかやらないようにしている。

だいたい、どんなことであっても、見返りを求めた途端に、おかしくなる。

「あんなにしてあげたのに、お礼の一言もない」

などと不満を口にする人の表情は皆、ゆがんでいる。感謝を求める気持ちが憎しみに変わると、健康を害するのではないだろうか。

「してあげた」＝自分が何かを人に与えた、と思ったら、負けだと思う。何に対して負けなのかよくわからないが、見返りを求めた瞬間、何か人として「負けている」感じがする。だから、「してあげた」ら、さっさと忘れるのがいちばんだ。

たとえば、何かのお裾分けを持っていった相手に、次に会ったとき、

「あれ、どうだった？　しょっぱくなかった？」

なんて、自分から尋ねない。自分ではそのつもりがなくても、お礼を求めているのと同じだし、先にお礼を言わなかったことで、その人に気まずい思いをさせるかもしれないのだから。

お裾分けに対して、相手が何も言ってこないからと気を揉まない。あれはもう終わったことなのだ。もしかしたら、おいしくなかったかもしれないのだから、忘れてもらってちょうどいいのだ。

見返りを求めることとは違うけれど、寄付やボランティアに対する考え方にも、同じことが当てはまる。

たとえば、途上国に古着を送りたいという人は多いけれど、古着の寄付と同時に、送料の寄付を求められると、

「タダであげようっていうのに、お金まで取るのか?」

と憤る人がいるという。

古着はタダでも、送料はかかる。全国から集まる古着を保管し、仕分けするためには、倉庫や作業場の賃貸料だってかかる。自分の〝善意〟を代行してもらうために、その代行料を負担するのは、当然ではないだろうか。いらなくなった、余った服を「もらってもらう」のだから。本当に寄付がしたいなら、服でなくてお金をあげればいいのだ。

感謝されるために、褒められるために何か「してあげる」のは、間違いだ。本当に相手のニーズに沿いたいと思うなら、自分がしたいことを勝手にするのではなく、相手がしてもらいたいことを、ダイレクトに尋ねるべきなのだ。

「こうしてあげたら喜ぶはずだ」

なんて、十中八九思い込みにすぎない。

だから、プレゼントは難しい。相手のことを熟知しているならともかく、そうでない相手が本当に喜ぶプレゼントなんて、なかなかできるものではない。

その場合も、感謝されよう、自分のセンスを表現しよう、なんて余計なことは思わず、自分の感謝の気持ちが、何とか伝わればいい、という気持ちで選んだほうがいい。それでもハズした場合を考えて、私は、贈り物は「キエモノ（消費できるもの）」がベターだと思っている。

「してあげる」の中身はたいてい、自分の見栄とか欲望の投射なのだ、自己満足なのだということを忘れてはいけない。「してあげた」ら、即座に引っ込んで、決して蒸し返さない。

お礼を言われても、「いやいやいやいや」と後ずさりしつつお茶を濁す、くらいでちょうどいい、そう思っている。

29

お礼は必ず、二度伝える

子どもの頃や若い頃、実家の母に聞かされた説教はたいてい忘れたが、それだけは心に残り、守っているものの一つが、

「お礼は、二度言う」

ことである。

「何か人にいただいたり、してもらったとき、そのときにお礼を言うのは当然のこと。忘れてはいけないのは、次に会ったときに、もう一度改めてお礼を言うこと。そうして初めて、感謝したといえるのである」

というのが母の弁で、母にしては当を得た教訓だと思っている。母によると、

「その後どこかで、もう一回くらい言っとくくらいでちょうどいい」

そうだ。

大人になった私も思う。お礼とお詫びは、くどいくらいでちょうどいい。

たとえば、帰りが遅くなるので、近所の人に子どもを預かってもらったとき。よく知っている、仲のよい家族であっても、人の子を預かるのは大変なことだ。いつも一緒に遊んでいる子の家族だからといって、そうそう甘えてはいけない。

できれば、子どもを引き取りに行くとき、ちょっとしたものを買っていければいいのだが、その時間がないときは、とりあえず心からお礼を言う。もし、約束の時間より遅くなってしまったら、心からお詫びする。

その上で、近いうちにまたお礼をしに、改めて伺う。なるべく、何か手土産とともに、がベターである。お礼を述べるときに、

「この間、預かっていただいてありがたかった！」

という気持ちが伝わるように努める。

必ずしもモノで気持ちを伝える必要はないようにも思うが、ここはやっぱり、モノって大切。手で触れ、重みを感じることができるモノには、気持ちをダイレクトに伝える力がある。ただ、この場合、相手の負担にならない程度のモノでないと、次に相手がこちらに同様の頼みごとをするとき、ハードルが高くなってしまう危険がある。なので、

「大根一本」

「夕飯時のあと一品」

「いただきもののお裾分け」

といった、ライトなモノ、なるべくキエモノを選んだほうがいい。くれぐれも、感謝のやり取りが、高価な・センスのいいモノの応酬になってしまわないように。

そしてまた、次に自転車ですれ違った折に、もう一度軽く言っておく。

「この間はありがとうね！　いつもお世話になります！」

仲良しの、ツーカーの間柄と思っている人にこそ、これを怠らないほうがいい。

「お互いさまだし、いいのよ！」

なんて言い合っているうちに、いつの間にか二人の間のバランスが崩れ、気がついたらつきあいがなくなってしまう人たちって、案外多い。仲良くなると、家族のような気持ちになって、ついつい甘えすぎてしまうからだろうか。


「お礼」って、言うほうと言われるほうでは、その言葉の濃度がまったく違う。言葉はエネルギーそのものだからだ。

言うほうが、どんなに心を込め、自分としては最大限に感謝したつもりであっても、まずほとんどの場合、それは半分以下しか相手に伝わっていない。エネルギー逓減《ていげん》の法則そのままに、感謝の言葉は、相手に伝わるまでに、何割か必ず目減りしてしまう。相手との距離が遠ければ遠いほど、その率が高いのは、発電所間で送電する電力量と似ている。

言ったほうは、言われたほうが受け取る感謝の濃度が薄まっているということに気づかないから、

「あんなに感謝したんだから、伝わっているだろう」

と思い込んでいるが、言われるほうにしてみれば、

「……これだけ？」

だったりする。言葉は空気中に発した途端、薄まる運命にあるので、それを見越して、三倍くらいの量を使わなければ勘定が合わないのだ。

舞台演劇の表現は、大きな声に大げさな身ぶりと表情で、通常の生活ではあり得ないほどくどい。だが、舞台と客席、演技者と観客の間にある「距離」を埋めるためには、あの表現が必要なのだ。

コミュニケーションも演劇のようなものではないだろうか。自分以外の人間に、自分の気持ちを正確に伝えるためには、きっと、ちょっと〝濃い〟表現が必要なこともあるのだ。

30

笑顔は人のためならず

一日のうち、笑顔でいる時間を、できるだけ増やすようにしている。人に対して何か言うときは、

「ｗｉｔｈ笑顔」

スーパーのレジ係、宅配便の配達員、ガソリンスタンドのサービスマンにも、レシートを受け取るときは、

「ｗｉｔｈ笑顔」

別に、いい人に見られたいからとか、他人を和ませるためじゃない。全部、自分のためだ。美容と健康のため、それから、運がよくなると信じているから。その点私はとても利己的な人間だ。

メイクの専門家に取材したときわかったのは、

「加齢のポイントは、顔が〝下がること〟」

だということだ。

年をとれば、引力の法則にしたがって、すべてのラインが下がってくる。目尻、頬、口元、顎。下がったしるしが「シワ」と「たるみ」だ。大したお手入れもエステもしていない私には、この法則は年齢とともに加速度的に効いてくる。

しかし、筋トレが腹筋のたるみを食い止めるのと同様、「笑顔」は引力に逆うための最高のエクササイズだ。笑っていれば目尻も口元も勝手に上がる。上がるラインが一つでも増えれば、加齢ポイントが一つは減る。どんな人にもできるアンチエイジングである。

また、ベテラン内科医によれば、

「笑顔は免疫力を高める」

という。どんなワクチンよりも病気を予防し、どんな新薬よりも病気を治療する最高の薬が、自分に備わっている免疫力であり、それを活性化するのが「笑い」「笑顔」だというのだ。実際、「笑い」を、ガンをはじめとする病気の治療に役立てようという研究もあるほどである。

医療費高騰の折、病気にならないためのサプリメントが人気だという。しかし、コエンザイムもアントシアニンもＤＨＡもタダじゃない。その点、笑顔はタダ！

だから、せっせと笑って医療費節減に励んでいる。

笑顔が定着すると、笑いジワが増えるけれど、どうせいずれはできるのだ。私だったら、いつまでもシワができない無表情美人より、イキイキとしたシワが美しいキャサリン・ヘプバーンのようになりたい。別に似てないけど。そのためには、先回りして「いいシワ」をつくる努力をしたほうがいいのではないだろうか。

電車の客席を見ていると、四十代以上の女性は、七割方、目をぎゅっと閉じて、眉根にシワを寄せている。口元は下がっている。あれは、習慣なのだろうか。服だって、折りジワがついたらなかなか取れない。顔だって同じではないだろうか。

シワは、「横」はいいけど、「縦」はダメなのだそうだ。確かに、美しい老人のシワは、皆横ジワである。能面の「翁」がいい例で、縦ジワだと「般若《はんにゃ》」だ。

腹筋運動はなかなか続かないが、笑顔なら場所もいらないしすぐできる。ニヤニヤ笑っているのがはばかられるなら、軽く唇の両端を上げて、眉間をゆったりさせる。それを自分の〝基本顔〟にしている。

笑顔は人のためならず、だが、人は笑顔の人を厚くもてなしてくれる。時々、接客やサービスに不愉快な思いをしたことを憤る人に会うが、私はそういう目にあまりあったことがない。もしかしたらこれは、笑顔の効用かと思う。笑っていると、不運も多少は避けられるようである。

笑顔でいることのデメリットがあるとすれば、多少バカっぽく見えることであろうか。確かに、しかめっ面のほうが、何か難しいことを考えていそうだったり、クールに見えたりして、頭がよさそうに見えるかもしれない。

しかし私の場合、何も難しいことは考えていないし、〝クールでちょい悪なオバサン〟に見えたってしょうがない。バカに見えるのは承知で（見える、は余計か）、笑顔優先である。少なくとも、絶対に敵は増えない。頭が悪そうに見えるデメリットを、笑顔がもたらすメリットが上回っている。

笑顔は、どんなにしたってなくならない。ならば、出し惜しみする理由はない。赤の他人にも、ひとりでいるときも「笑顔」、これで人生バラ色な人に見える。

本当はバラ色の人生じゃないかもしれない。でも、人生八十年あったって、三万日に満たない。もっと多いと思っていたけれど、今、電卓で計算したら意外と少なかった。残りの人生何日か、と思うとき、同じ日数なら、笑って過ごす日を一日でも増やしたほうが得だと、あくまで損得勘定で私は思う。

31

お返しが遅くなっても大丈夫！

「お礼は二度言う」私だが、それは必ずしも速攻でなくてもいいと思っている。

昔は人様に何かお世話になったり、いただきものをしたりすると、

「急いでお返ししなきゃ！」

と焦っていた。一刻も早くお返しをしないことには、失礼に当たるし、自分の気持ちも休まらないと思っていたからだ。

でも、今は、必ずしもお礼を急がない。

もちろん、急いでお礼をしたいときはするし、そうしたほうがいい場合もあるけれど、全部が全部、同じじゃないということに気がついた。

遅れちゃならじとばかりに、「その日のうちに」「翌日すぐに」と思っていても、風邪をひいたり、他の用事が入ったりと、何か不具合ができて、すぐにはお礼ができないこともある。

そうすると、

「ああ、お礼が遅れてしまった。今さら、遅いよね。相手は腹を立てているかも……今頃、かえって失礼かも……」

などと、思い悩んでしまい、ウツウツとしているうちにさらに日がたって、結局お礼をせずに終わってしまう、なんていうことになる。

私にもそういう経験があって、とても後悔している。若い頃は、自分で決めた形に当てはまらないと、

「もうダメだ……」

と勝手に思い込んでは、ひとりで挫折していたのだ。

いくら遅くなったっていいじゃないか！　感謝の気持ちは古くなったりしないよ！

今なら、シンプルにそう思える。あの頃の自分に言ってやりたい。

「お返しは速攻で」

それは、きっと理想だろう。

返された人も、

「すぐにお礼をしてくれるなんて、きちんとした人だなあ」

と好感を持ってくれるかもしれない。

でも、たとえそうできなかったとしても、落ち込むことはない。どんなに遅くなろうが、

「あのときはありがとう！」

って、言えばいいだけなのだ。相手が覚えていなかろうが、心配することはない。

「お礼が遅くなっちゃって、ごめんなさい！」

って、言えばいいだけなのだ。たいていの人は、目を白黒させながらも、喜んでくれこそすれ、怒り出すことはない。

また、〝あえて〟速攻でお礼をしない、という考え方もある。

間髪を入れずお返しをしようというのは、もしかしたら、

「相手に一瞬でも借りをつくりたくない」

気持ちの表れかもしれない。打球が落ちてこないうちにボレーで返すのは、

「ホラ、返したぞ！」

という、通りいっぺんな感じも受ける。

それよりは、だいぶ時間がたって、忘れかけた頃に、

もらってうれしかった
プレゼントの思い出

リサイクル業を
営む弟が、掘り出し
物があると時々くれる
古さが私好み

裁縫の得意な妹が
くれる布バッグ
我が家で大活躍

アンティーク
ビーズ

インドネシア、カリマンタン島に住んで
いた友人を訪ねた時、一緒に
入った骨董品屋で数粒だけ
買ったビーズ とても気に入っていたら
帰国したその友人がたくさん買って
きてくれた

ヤドランカの
CD

上の子が生まれた時
友人が出産祝いに
くれたもの おだやかな
産後にピッタリ

それを腕時計の
バンドにして
大喜び！

入院した家族の付き添いを
していた時、友人が差し入れを
何度を持ってきてくれた野菜の
おひたしや浅漬けが
涙が出るほどおいしかった

「あのときはありがとう！　きれいなお花が咲いたから」
「あのときはありがとう！　おいしいワインが手に入ったから」
という返し方をしてくれる人を見ると、
「大人だなぁ、センスいいなぁ」
と感激する。

おつきあいに困ったときは、マナーの本を開けばいいけれど、何でも本の通りにはいかない。それはあくまでも、〝その人〟と〝自分〟の関係あってこそだ。マナーブック通りにいかなくて悩んだときは、「正攻法」。取り繕わず、本当のことを言うことだ。ダメな自分をさらけ出し、素直に頭を下げれば、たいていはうまくいく。私がそれに気づくのは遅かったけれど……。

社会人になり立ての頃は、ビジネスレター一つでも、文例を見ながらしゃちほこばった手紙を書いていたけれど、慣れてくるにつれ、自分流にこなれたものが書けるようになってくる。お手本通りじゃなくてもいいことがわかってくるから。

自分なりの表現があれば、感謝の気持ちは、必ず相手に届くはずだ。

失敗しても大丈夫！　次に会ったとき、素直に謝って伝えよう。

32

自分から挨拶してみよう

向こうから、微妙に知っている人が歩いてくる。誰だっけ……。子どもの同級生のお母さん？　商店街のお店の人？　近所の人だっけ？　迷ったら、なるべく自分から挨拶することにしている。

「こんにちは！」

たまに、全然知らない人で、相手にぎょっとされてしまうことがあるが、そのときは、通り過ぎてから舌を出して頭をかけばいい。挨拶して怒られることはまずない。

挨拶って、やっぱり大事だ。何か凶悪事件が起きたとき、容疑者について聞かれた近所の人は、

「いつも挨拶をしてくれる、感じのいい人。まさかこんなことをするとは……」

と言うではないか。「挨拶する人＝まともで立派な人」と受け取られるわけだ。

では、挨拶しない人は、どう思われているわけ⁉

「殺意を持って侵入したが、住人に挨拶をされてひるみ、思いとどまった」

なんていう未遂の事件も多いそうである。挨拶一つで、犯罪も予防できてしまうなんてすごい。しかも、笑顔と一緒で、挨拶も、いくらしてもタダ！

しかし、タダであっても、自分から挨拶をするのって、じつは少々億劫だ。

以前、いくら挨拶をしても、絶対に返してくれない人がいた。

最初は、

「ん？　聞こえなかったのかな？」

と思っていたのだが、二回、三回と続くと、さすがにムッとする。何しろ、こちらに一瞥《いちべつ》もくれないのだ。

「私、何か嫌われるようなことしたかしら……」

と我が身を振り返ろうにも、その人には挨拶しかしたことがない。

ほかの人に尋ねても、

「ああ、あの人、挨拶しないから、こっちも挨拶するのやめちゃった」

と言う。そうなのか……。

次第に私も、挨拶するのがイヤになり、出くわしても、なるべくそちらを見ないようになった。自分ばっかり挨拶するのが、損しているような気がして。

しかし、子どもを連れていると、「挨拶しなさい」と説教している手前、具合が悪い。腹は立つけど、背に腹は代えられず、再び挨拶をするようになった。もう、無視されてもいいや。どこかの配達の人になったつもりで、つくり笑顔のカラ元気で、

「こんにちはー！」

もちろん、返事はない。

返事がなかろうと、こっちを見なかろうと、道端のお地蔵様にするように、挨拶をしていたら、ある日、その人がちらりとこちらを見たことがあった。

「お!?　こっち向いた」

数日後、挨拶をしたら、ほんのわずか、頭を下げた、ように見えた。

「あれは、挨拶の予兆!?」

こうなると、観察日記みたいである。

そしてついにある日のこと、初めて挨拶が返ってきた。

「こんにちは」

さらには、二言三言、会話さえできた。それはそれは驚いた。

その日その人は、よほど虫の居所がよかったのだろう。挨拶が返ってくるのは、今でも時々だけれど、面白い経験をさせてもらったと思う。

会社員時代、受付にいた女性が、こんな話を聞かせてくれた。

「挨拶って、面白いのよ。配達の人とかにね、〝こんにちは！〟って大きな声で挨拶すると、大きな声で返ってくるの。小さな声で挨拶すれば、小さな声で返ってくるのよ」

挨拶は、相手の状況を見て返すもの。忙しそうだな、来客中だな、と思えば、自然と小さな声になる。挨拶は、相手との間合いを計るセンサーの役割を果たしているのかもしれない。

挨拶しても返ってこないと、損した気持ちになる。実際なった。

でも、本当は何も失っていないのだ。自分が損したと思っただけ。

やっぱり、挨拶はしておこう。そうしないと、自分が気持ち悪いから。相手がどう思おうと、いいじゃないか。挨拶くらいで損得勘定するなんて、みみっちい。そう自分に言い聞かせながら、逡巡しながら、挨拶をする。

たぶん、私が大切にしたいのは、挨拶することそのものではなく、

「自分から行動を起こすこと」

なんだろう。相手が変わるのを待ってもムダ。自分から働きかければ、状況が変わる可能性は上がる。変わらなくても、行動しなかった自分を責めずにすむ。たかが挨拶で、大げさな、とは思うけれど。

33

貸し借りのできる間柄になる

何か必要なモノが発生したとき、すぐにそれを買いに走るのではなく、
「誰か、いらないのを持っている人、いないかな？」
「誰かに借りられないかな？」
と、真っ先に考える。

節約の意味も、もちろんあるけれど、人に頼ることで、モノを持ちすぎることを予防できるからだ。

たとえば、家具の組み立てなどをするときにしか使わない工具なら、一式揃えておくよりも、「レンチはあの家にあった」「木槌はあそこに」といった具合に覚えておけば、数年に一度の機会のために、あれもこれも持たなくてすむ。

子どものおさがり、特にセレモニー用の服なんてその最たるものだ。一回しか着ない機会のために、高価な洋服を買っては、高かったからと処分できずにクロ

ゼットを圧迫する、なんて愚の骨頂。誰かに譲ってもらえれば、ありがたく着て、きれいにクリーニングした後、次の子に回す。うちの子どもたちの入学式と七五三のスーツは、こうして入ってきて、出て行った。

「貸し借り」「あげる・もらう」の関係ができると、時間も場所もお金も節約できる。相手があることなので、誰にでも頼れるものではないけれど、こういうことのできる間柄があることは、節約以上に、人生を豊かにしてくれる。

「モノがいっぱいで片づかない」

そんな言葉をよく聞くけれど、昔はそんなことなかったはずだ。私の実家も、私が小さい頃は、大した家具もなく、畳が広々と見えて、スッキリしていた。それが、モノがゴチャゴチャしてきたのは、我が家に自家用車がやってきた頃から。

高度経済成長の流れに乗って、親たちの所得もそれなりに増え、大量生産、大量消費というライフスタイルが定着し始めた。それと同時に、「共有する」「協力する」という手間と時間を皆が惜しみ始め、その頃から、地域のお祭りはどんどん縮小していった。

世の中が豊かになって、皆がいろいろなモノを買えるようになった代わりに、人に借りたり、頼ったりすることもなくなった。そうすると途端に、いらないモノがあふれ出す。家の中に吹きだまるたくさんのモノは、もしかしたら、私たちが切り捨ててきた「つながり」そのものなんじゃないだろうか？

以前、旅先のバリ島で、ある運転手さんにお世話になった。生粋のバリ人で、名前はニョマンさん。バリから一歩も出たことがないという。彼の運転で島をめぐりながら交わした世間話は楽しかった。

「この車は、お客だったドイツ人が、無期限で貸してくれているんだ。運転の仕事はあんまり儲《もう》からないし家はボロな借家だけど、車があるおかげで、家族や友人が病気になったり、急用があるとき、乗せてあげることができる。僕は本当に幸運だよ」

見た目はコワモテで、ナマハゲにどことなく似ていた彼だが、素顔はシャイで奥ゆかしい。そして何より、本当の豊かさを知っている、素敵な人だと思った。自分が持っているモノの豊かさではなく、自分が人にしてあげることのできる豊かさ。

自分が持っていないモノを夢想する、欲望から生まれる豊かさとは違う。彼を紹介してくれたのは、やはり彼にとてもお世話になったという友人だった。

「貸し借り」のできる間柄はステキ

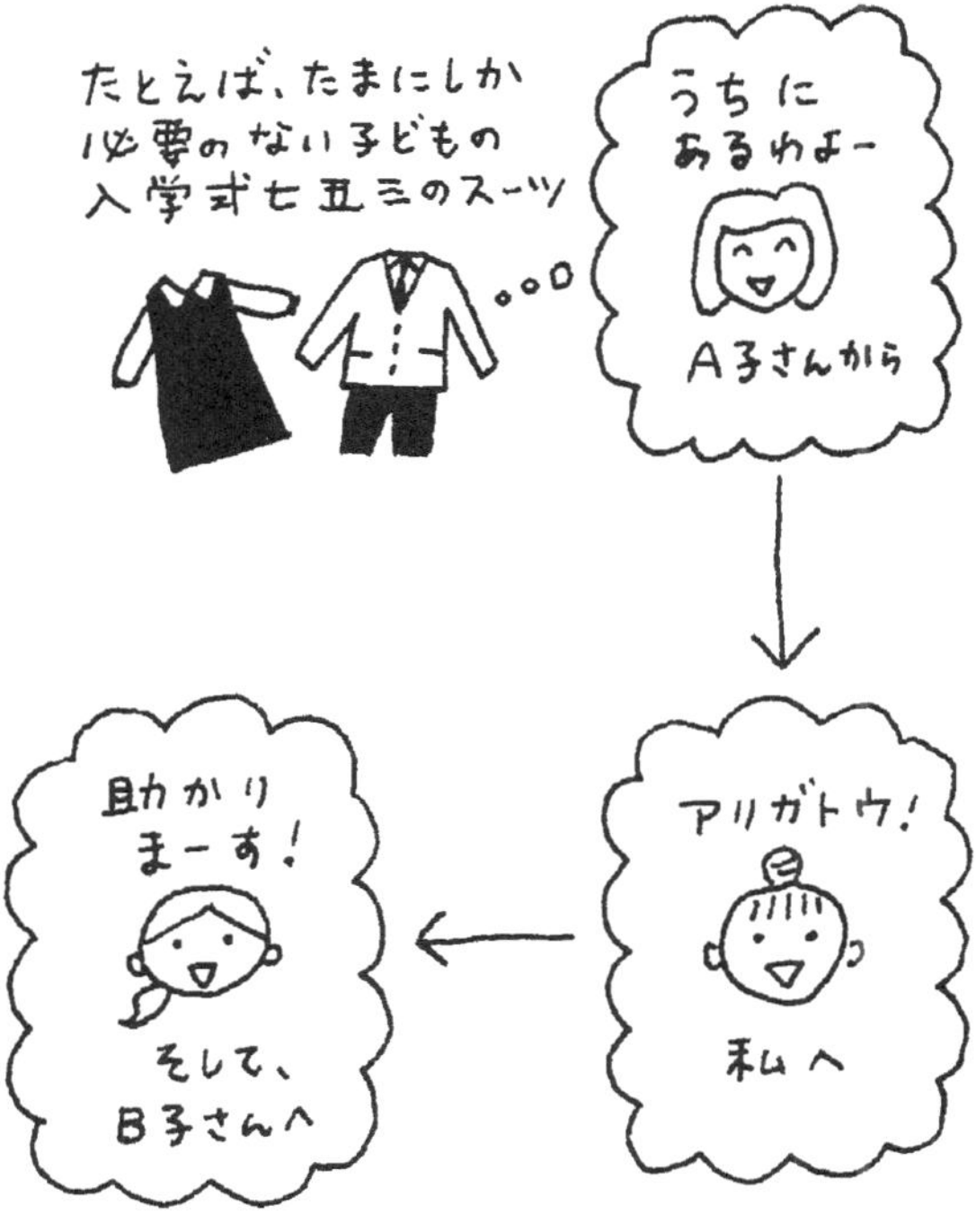
たとえば、たまにしか
必要のない子どもの
入学式七五三のスーツ
うちにあるわよー
A子さんから
アリガトウ！
私へ
助かりまーす！
そして、
B子さんへ

何かを与える人は、必ず何かを与えられる。それを知っていれば、過剰に備える必要はないんじゃないだろうか。

とはいえ「借りる」「頼る」は、ともすれば重荷に感じがちだ。相手への遠慮もある。私も、以前は人にものを頼むのが億劫で、苦手と思っていた。

それが変わったのは、子どもが生まれてからだ。それまで、ひとりで何でもできると思っていたし、ひとりでやらなければいけないと考えていたけれど、子どもがいると、それは無理なんだということに気づく。

自分は、自分で思うほど強くもないし、要領もよくない。頼るべきときは頭を下げて人に頼っていいんだ、それを拒む人なんていないんだ、ということもわかってきた。

ただ、むやみに人に頼ろうというのではない。人に頼る以上、いつか頼られる人になりたい。また、頼った人と頼られる人が必ずしも同じでなくてもいい。

ある友だちが言っていた。

「世話になる人には、なりっぱなし。でも、世話してあげる人も、いつも同じだったりするんだよね」

損得だけで言うなら、貸し借りなんて面倒くさいに決まっている。何でも自分ひとりで解決すれば、涼しい顔して生きていける。でも、それじゃダメなんだ。恥をかくのを承知で、頼っていいときがあり、損を承知で、世話をするときがある。両方あってナンボの人生が、本当はいちばん、豊かなんじゃないか。この、ひとりで生きてるわけじゃない世界を生きていくために。

34

住んでいる街と仲良くする

最初の子を出産してしばらくたって、家でできる校正や編集といった作業を選んで仕事を再開した。しかし、取材に出ることができない。私程度のへなちょこライターにとって、取材の〝勘〟みたいなものは、使わずにいるとドンドンさびついてしまう。

そこで見つけたのが、取材半径五キロ以内の、超ローカル情報を扱う地元新聞の仕事だった。「小学校の運動会」だの、「区主催のイベント」だの、地元密着ネタが売り物のメディアだ。

ギャラはものすごく安かったけれど、地域で頑張っている皆さんの生の声を聞けたり、地元で開催されるセールやイベント情報がいち早く手に入ったりと、なかなか楽しい仕事でもあった。

その仕事を通じて学んだのは、地域のネットワークの大切さである。

昼間は都心で働き、友だちといえば学生時代のつながりか、職場。地域には知り合いがおらず、隣の人の顔も知らない――という、若い頃のライフスタイルを引きずって暮らしていた当時の私にとって、大いに反省させられるテーマだった。

巨大マンションの自治会役員さんには、防災・防犯などのセキュリティー上、ご近所ネットワークが、どんな警備システムよりも役立つことを教えていただいた。子育てネットワークの世話人さんには、同じ悩みを抱えるママ同士のネットワークが、時として実家の援助やプロの助言よりも役立つことを聞かされた。

そういうこともあって、今では、地域で起こっていることや、地域で自分ができることについては、なるべく関心を持つようにしている。

たとえばＰＴＡの集まりや仕事、集合住宅のイベントのお手伝い、地域のイベントなど、自分にできる範囲で手伝ったり、出席したりするようにする。

往々にして、何の得にもならず、面倒なだけと避ける人も少なくないこうした機会が、じつは、地域の知り合いを増やし、地元への関心を深める素晴らしい場なのだ。

私の住んでいる集合住宅では、夏祭りや正月の餅つき大会が開催される。多くの準備を必要とする祭りは、人と人とが親しく交わり、お互いを知る絶好のチャャンスである。時折、何かしらのお手伝いに加えていただくことで、人生の先輩の面白いお話や、地域で起こっている問題など、たくさんの情報を得ることができる。

地元の消防署が配布した防災パンフレットの中に、

「知っている人と知らない人、あなたはどっちを助けますか?」

というフレーズがあり、考えさせられた。情けは人のためならず、である。面倒がらないで、地域のネットワークづくりに積極的に参加する習慣が、いつか自分と自分の家族を助けるかもしれない。地域とのつながりを得にくいひとり暮らしの人、子どものいない人であれば、それはなおのこと大切にしたほうがいい。

インターネットで全世界に情報を発信できる時代だけれど、皆が求めるのは結局半径五キロ以内の身近な情報だ。それをおろそかにしていれば、いつか自分に跳ね返ってくるかもしれない。

人は、ひとりでは生きられない。今の時代、お金とモノ(ガソリンや電気)のおかげでそれは可能になっているように見えるけれど、ひとたび大惨事が起きれば、お金もモノも役には立たない。最後に頼れるのは、顔を知っていて、口をきいたことのある人の情けなのだから。

Chapter 5

今すぐやめる! 見なおしたい習慣

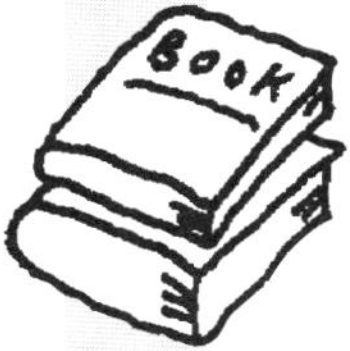

35

飲みすぎない！　食べすぎない！

「飲みすぎ・食べすぎ」、それは私の最大の弱点の一つだ。

何しろ、ムダに胃腸が丈夫で、どこで何を食べてもおなかをこわしたことがない。おかげで病気一つせず、睡眠時間が短くても平気。いつも元気でいられるのが取り柄といえば取り柄だけれど、取り柄も程度ものである。

子どもが生まれる前は、お菓子の買い置きなんてしなかったから、余計なものを食べずにすんでいたのに、今では常時お菓子がいっぱい。さらに、子どもが大人と同じものを食べるようになってからは、

「も～、こんなに残して、もったいない！」

と言いながら、せっせと残り物を食べている。結果、体重は増える一方……。

友だちの中には、

「私、子どもの残り物なんて、絶対食べない。太るもとよ！　見ないで捨てちゃ

うわ」

と一刀両断する人がいる。そうだよなと思う。モノに関しては、まったく同じことを言っている私、なぜ食べ物にはできないのか。

ご近所飲み会にしてもそうである。いくら楽しいからといって、調子に乗って飲みすぎて、翌日何も覚えていないことがある。あとで恐る恐る、

「ねー私、何かマズいことしなかった?」

と尋ねると、

「ヤダー、覚えてないの⁉　ウフフフフ……」

などと、下戸の奥さんに謎をかけられてさらに青ざめる。

いくら胃腸が丈夫でも、肝臓はいつまでも二十代の頃と同じじゃない。二人の子どももいるくせに、いい年して、何をやっているのだ私は。

などという反省が続くのはせいぜい一週間。飲みすぎも、食べすぎも、一向に改めることができない。難儀なことである。

「飲みすぎ」はまあ、話は多少簡単だ。飲み会に参加しなければ、とりあえず飲みすぎて困ることはない（夫は下戸だし）。問題は「食べすぎ」で、これがいちばん困る。

我が家の調理担当者である私は、一日たりとも料理をしないですむ日はない。休日であれば、朝食を片づけたらもう昼食の献立を考えている。主婦の頭の中は、一日中食べ物のことでいっぱいなのだ。そんな状態で「食べない」でいることは、まず不可能だ。足りない場合、家族から出るブーイングを恐れて多めに作る→で、残る→それを食べる、という悪循環。ああ、主婦って損だ。

しかし、よくよく考えてみると、では料理を仕事にしている人たちが皆、食べ物に翻弄されているかというと、全然そうではない。普通の人よりはるかに「食べる」ということに向き合っているはずの料理人や料理家は、決して太りすぎてはいない。血色よくお肌はきれいだし、動きもキビキビしていてカッコいい。

料理の仕事って、実際はとてもハードだという。きちんと食べないと体がもたないに違いない。それでいて、決して食べすぎることがないのは、

「食べ物と上手につきあう」

ことができているからなのだろうか。

以前、ダイエット本の取材をしていたとき、栄養士さんが言っていた。

「やせるためには、食べ物と仲良くなることです」

太りたくないからと、「おいしさ」や「季節感」を無視して、食べることをおろそかにし、サプリメントやダイエット補助食品だけの「食事」を取っていたりすると、一時はやせても、過食や嘔吐など、恐ろしい揺り戻しがくることがあるそうだ。体がやせるのと同時に、心がやせてしまうからだろう。

また、カロリーコントロールのために、人工甘味料やローカロリーの代用食品を使うのも、長い目で見ると、あまり効果がないという。舌は騙《だま》されても、脳は騙されない。ニセモノをどんなにおなかいっぱい食べても、どこか満足感が得られず、結局どこかで暴食する羽目になるという。

つまり、上手に食べるには、

「本当においしいものを、自分に必要な量だけ」

食べることが大切で、それは、本来なら体自身がちゃんと知っているものらしい。つい食べすぎてしまうのは、日々の忙しさに紛れて、きちんと食べ物と向き合っていないからなのだ。

さしあたって守りたいのは、「作りすぎない」「残り物を出さない」「目で見て**満足感のあるものを作る（食べる）**」、そして「忙しくしない」。

ゆったりした気持ちで、楽しく食べることで、自分の適量を守っていきたい。

36 デジタル社会にのみ込まれない

十年以上前、電車の座席に座っている人たちのしていることといったら、三〜四割が、マンガも含めて「読書」だった。ところが今、読書している人はほんの一割程度、あとは皆、携帯の画面を見つめているか、携帯のイヤフォンを耳に突っ込んでいる。

スマートフォンを始めとする携帯電話やデジタルオーディオは、ネット上から直接データを取り込める便利さ、省スペース性、デザインのよさ、どれを取っても魅力的だ。皆が大好きなのはよくわかる。

だけど、私はもう、電車の中で音楽は聴かないだろうな。

私はSONYの「ウォークマン」の登場に感動した世代だ。オーディオといえば、室内で聴くものと決まっていたあの頃、「音楽を持ち歩く」というコンセプトは新鮮で、私たちを夢中にした。

「普通の風景に、自分の好きな音楽がＢＧＭのように聞こえるなんて、なんて豊かなんだろう」

その頃の私は、うっとりしながら出先で音楽に聴きほれたものだ。

ところが、音楽を聴きながら外に出ると、困ったことが次々に起きてきた。電車を乗り間違える。あわてて次の駅で降りて、行きたい方向の電車に飛び乗ると、それが快速で、目的駅を通過してしまう。正しい電車に乗ったのに、気づいたら終点。電車の中に忘れ物をする……。

そそっかしい私が、音楽にうっとりしながら電車に乗ると、今しなければならないこと（電車に乗って目的地に行くこと）がおろそかになるのだった。そんな失敗があまりにも繰り返されたので、仕事をする人間として、私は外で音楽を聴くのをすっぱりやめた。そそっかしい人間が音楽を聴くには、家でゆっくりしながらがいいらしい。

レイ・ブラッドベリの名作『華氏四五一度』は、書物が禁じられた未来世界を描いたＳＦ小説だ。

その世界では、あらゆる乗り物が高速で、あらゆるものに広告がついている。屋外広告はどんどん巨大化している。あまりに速い乗り物からは、巨大な看板でないと、何の広告かわからないからだ。そして、地下鉄の乗客は皆、お互いに視線を交わすことなく、耳に貝殻（イヤフォン）を突っ込んでいる。

作中の未来社会では、書物を愛する人は地下組織を結成し、構成員は、一冊の本を表紙から句読点に至るまで暗記し、ひとりが一冊の本となる。当局は組織の壊滅を図り、「本」となった人々を相互監視と密告によって捜査し、抹殺してゆく——というストーリー。

これが一九五三年、今から半世紀以上前に出版された作品であることを考えて、作家の恐るべき想像力にむしろ戦慄する。

文化が破壊されたかどうかは議論の分かれるところだと思うが、すべてが広告となり、人々が快適な音楽で現実を遮断し、コミュニケーションが疎外されているところは、まさに作家が予言した未来の通りかもしれない。ブラッドベリが警告したのは、当時幅をきかせ始めていたテレビによる文化の破壊だったという。

私が小学校一年生のときのことだ。担任の先生が、

「キリンを見たことのある人〜！」

と子どもたちに呼びかけた。何人もが、

「ハイ！　ハイ！」

と手を挙げたが、それは全員ではなかった。

手を挙げたうちのひとりだった私は、不思議に思った。

「キリンなんて、誰だってテレビで見てるはずなのに、どうして手を挙げない子がいるんだろう？」

　私がキリンを見たのは、テレビの中であって、実際の動物園でキリンを見たことはなかった。ところがそのとき手を挙げたのは、私以外全員、実物のキリンを見たことのある子たちだったのだ。

「エッ、テレビで見たのは、〝見た〟とはいわないの⁉」

　内心私は大いに恥じ、そのことを誰にも言えなかった。

　生まれたときからテレビがあり、テレビで見たことを「見た」と言う最初の世代だったのではないだろうか、私は。

　以来、私たちの暮らしにはたくさんのモニターが入り込み、今ではテレビのみならず、携帯電話やパソコン、ゲームなど、さまざまな「画面」が、私たちに情報や娯楽を提供してくれる。それらは年々小型化し、今では「音楽」と同様、携帯できるものになっている。

しかし、画面（モニター）を見る時間が長いほど、現実の世界と離れていくように思う。現実が殺伐とし、厳しいほど、美しいモニターの映像や、イヤフォンから聞こえる快い音楽に癒されたくなるけれど、それを現実とすり替えるのは、やっぱりこわい。

外界の刺激から自分を閉ざしてしまうのではなく、時には「素」になって、街のざわめきに耳をすまし、現実の世界の姿をこの目で見ることを怠らないようにしたい。

37

井戸端会議は時間泥棒？

女性が数人で立ち話をしているのを遠目で見ると、時々、そのうちのひとりが、うなずきながらそっぽを向いていることがある。

話の中心になっている二～三人は、夢中になっていて、身ぶり手ぶりよろしく声高にしゃべり続けているのだが、その中に、明らかに話に飽きている人がいるのだ。誰も気づいていないが、早く帰りたそう。

立ち話（井戸端会議）って、盛り上がるとつい夢中になって、時間を忘れてしまう。ヘタすれば一時間でも二時間でも、しゃべり続けることができるのが、女性のすごいところだ。屈伸しながら、〝会議〟に参加している人もいる。私自身も、そんな井戸端会議にはついつい引き込まれてしまう。だって楽しいんだもの。

コミュニケーションが希薄になりがちな生活の中で、井戸端会議には、メールや電話にはない、イキイキとした情報交換ができる貴重な側面がある。人だまり

ができていたら、

「何なに⁉」

と、とりあえず寄っていく好奇心もまた、大切だと思う。

もっとも、長引く井戸端会議には、楽しいものばかりではない。暗い顔で話される誰かの悪口など、話題によっては、苦痛なだけのものもある。

そういう話題が好きな人にとっては、いつまでも話していたいテーマなのかもしれないが、そうでない人には、聞いているだけで体調が悪くなってくる。面白くもない会話につきあうことほど、時間の浪費と感じるものはない。

とはいえ、自分のせいで会話に水をさすのは気が引ける。会話の流れを遮らないで、いかにうまく抜けるかが重要になってくる。

話しているのが数人のグループであれば、〝抜け方〟はいろいろある。

「あっ！」

手をポンと叩き、

「もうすぐ宅配便が来るんだっけ！　ごめんね、お先～」

と去っていくのもよし、

「トイレ行きたくなった。行ってきま～す」

と言いつつ、戻らないのもよし。なるべく目立たないように、素早く動くのがコツ。また、自分が去った後、何が話されているかをいっさい気にしないのが最大のポイントだ。

一対一の場合が難しい。さっさと切り上げたいような会話をしかけてくる相手は、あんまりこちらの反応に敏感じゃない場合が多いから。こういう人は、延々と続く愚痴を語る相手が、話に飽きて適当な相づちを打ち出しても、まったくといっていいほど気づかない。

「うん、うん、そうね……。アラ、もうこんな時間」

と、人によっては傷つきかねないこんな展開でも大丈夫。

「どうやって切り出そう……」

などと、悩むこちらが損をしたりする。

私は根が親切でないので、こういう会話からは比較的早く逃げ出す特技を持っているのだが、退屈な会話をしかけてくる相手に、毎度まんまと捕まってしまう人がいて、そういう人はたいていやさしくて性格がいい。

「この人なら聞いてくれる」

と思われてしまうようなところがあるようだ。

こういう〝いい人〟が捕まっている場面を見ていると、せっかく会話を中断できそうなチャンスがやってきたのに、つい自ら、

「それで？　もう大丈夫なの？」

なんて、話を広げてしまう傾向にある気がする。

「そ、そんなこと言ったら、敵に塩を贈るようなものだ……」（敵じゃないけど）

と、ハタで聞いていてハラハラしてしまう。こういういい人は、日頃から、

「捕まらないように、スルリとかわす」（バタバタと忙しそうに振る舞ったり）

「捕まったら、一刻も早く逃げる」（ネタは何でもアリ）

というワザを身につけないと、貴重な人生の時間を他人に食いつぶされてしまう。時給を払ってでもくれない限り、相手が自分の時間を浪費する権利はないのだ。

そんな意地の悪いことを思う私ではあるが、楽しい井戸端会議から、自ら抜けるのはなかなか難しい。お勤めもしていない、子どもの園バスを待つこともない私の生活には、井戸端会議はむしろ貴重な情報収集の場だったりするからだ。

しかし、もしそんなことが毎日続けば、やっぱり困るだろう。自分の用事だってあるし、特段の用事がなくても、やるべきことはたくさんある。長引いている

な、と思った時点で、なるべく早く切り上げるのが得策だ。これはなかなか切れない長電話、「Re:」「Re:Re:」と延々続くメールの応酬でも同じ。

そしてそれは、相手もまた同じはずだ。親しい仲間であれば、自分がお開きのきっかけをつくってあげるのも、友情である。

38

やる気が出ないときの自分暗示法

やらなければならないことが差し迫っていたり、差し迫ってはいないけれどやらなければならないことがあったりするとき、どういうわけか私の重い腰は動かない。

目の前に仕事の締め切りがあるのに、関係ない本を読み出してしまったり。さっさと掃除を始めればいいのに、メールのチェックを始めてしまったり。どうして自分って、こうも言うことをきかないんだろう。

言うことをきかない子どもを動かすために、手練手管《てれんてくだ》が必要なように、私は私を動かすために、いろいろな小細工をしかける。自分って、自分なのに、ダマしたりなだめたり脅したりしないと動かないから大変だ。

「やらなければならないこと」の多くは、取りかかるのに強いモチベーションが必要だ。その難易度が高いほど、必要とするエンジンの回転数は高い。アクセルを強く踏まなければならない。大きな初期動力を必要とするからだ。

ただ、これらに共通しているのは、いったん動き出せば、継続のためにそれほど大きな力を使わないことだ。航空機が離陸にその大半の燃料を費やすのに似ている。そのため、なおさら「最初の一歩」をいかに踏み出すかが重要になってくる。

「こうすれば必ず動き出せる！」

という決定的なワザがあるわけではないが、いくつかの細かなプロセスを用意して、その手順を踏んでいくうちに、次第に動き出す態勢が整う、というのが正確なところだ。

たとえば、それが「掃除」であれば、

・髪をタイトにまとめる。髪が顔にかかると、やる気がしぼむから。
・髪にバンダナや手ぬぐいを巻く。ゆるんだ脳を締めつけて刺激を与えるイメージ。
・エプロンをつける。それも、割烹着スタイルはダメ。ウエストを一巻きしてから、きゅっと前で結ぶ方式に限る。リネンがベスト。

・腕まくりをする。手首から先に何かついていると何もできないタチなので、腕時計も指輪もしない。
・CD、ラジオを大きめの音量でかける。CDの選曲に多大な時間を費やすことも多く、その分早く掃除したほうがいいような気もしている。ラジオは局を決めている。
・窓を開ける。空気がよどんでいると、酸素が供給されない恐怖感がある。
・深呼吸して上体をストレッチし、「ぐわあ」と叫ぶ。このとき、人に見られたくない。

締め切りの迫った仕事に取りかかるためには、「掃除編」から「バンダナ、エプロン、CD、ラジオ」を抜いて、「コーヒーを淹れる」が必須。

私は音があっても、コーヒーがなくても仕事ができない。それを理由に、あえて早寝して、家族が寝静まった夜更けから仕事を始めたり、夕方締め切りなのに、昼からコーヒーを買いに走ったりする。

書いていて恥ずかしくなってくるが、これが現実だ。ここまでしないとできない自分というのも情けない。本当は、掃除だろうが仕事だろうが、四の五の言わ

言うこときかない自分をやる気にさせる暗示法！

頭にバンダナや手ぬぐいを巻く
ほっ
コーヒーを淹れる
CDやラジオを大きめの音量でかける
ぐわあー
叫ぶ！
人には見られたくない

ずに普通にスッと取りかかりたいのだが、私という人間にとっては、掃除や仕事が、これだけ多くの手順を必要とする、取りかかりがたい難事業だということだ。

突拍子もない嘘に、無数の言い訳が必要であるのと同じに、現実離れしたドラマに、たくさんの伏線が張られているのと同じに、きっと、取りかかるのが大変に思える仕事であるほど、それに応じた「ヤル気のもと」が必要になってくるのだろう。それが凡人というものだ。

重い腰は、据えた時間が長いと、よけいに重くなるという法則がある（私が発見した）。重い腰にはすぐ根が生える。

だから、やらなければならないことがたくさんあるのなら、根が生える猶予を腰に与えてはならない。止まらないことがいちばんの「重い腰予防策」である。

家に帰っても、一息ついたりせずに、すぐに仕事に取りかかる。私はとかく、「疲れちゃったから、ちょっと一息」

が多すぎるので、それを自分に許さない。自分を、止まるときが死ぬときのマグロと思って、止まらないように努める。眠ければ、

「寝るな！　寝たら死ぬぞ！」

雪山で遭難したみたいである。

こう言うと、エネルギッシュな人みたいに聞こえるかもしれないが、もちろんそうではなく、実際はその逆だ。止まったら最後、二度と動き出せない重い腰の持ち主なのだから。止まらなければ、初期動力を多く費やさずにすむ。省エネである。止まってもすぐに動き出せる人こそ、エネルギッシュな人に違いない。

39 つまらないムダ遣いのやめ方

親に小遣いをもらうようになって以来、私は「貯金」というものをしたことがなかった。

「由紀子は江戸っ子か？（←栃木育ち）宵越しの金が持てないタチだな」と言われながら育ち、その傾向は大人になってもちっとも変わらなかった。数字に疎く、何事にも大雑把な私にとって、お金とは、借金さえなければ上出来。贅沢《ぜいたく》はしないものの、ちまちまとムダ遣いをしてばかりで、一向にお金がたまらない人生を送っていた。

しかし、結婚して所帯を持ち、子どもが生まれると、さすがの私もマジメにならざるを得なかった。何しろ、自分だけでなく子どもの将来がかかっている。夫に食わせてもらっていた当時、大した稼ぎもない私に、ムダ遣いなんて、もうシャレにならない。

「ムダ遣いしないためには、どうしたらいいんだろう?」

とりあえず、家計簿をつけ、ムダなモノを買わないことにしてみた。消耗品はもらい物でまかない、タダ券やポイントカードを活用するという、正統派の節約生活である。しかし、これにはあっという間に挫折した。

そもそも、数字に疎くて大雑把だからムダ遣いしていたのに、いきなり素敵な奥さんの真似事をしても、できるわけがない。家計簿は「つけただけ」で集計はせず、子どもの小遣い帳にも劣る出来。ポイントをためるために、つい二つ買ってしまったり、タダ券に釣られてかえっていりもしないモノを買ったり、手間がかかる割に、ちまちましたムダ遣いはなくならない。

また、もらい物の消耗品(タオルや石鹸、ティッシュ、ラップフィルムなど)は、もらおうと思えばいくらでももらえたが、それらを使っていると、何となく暗～い気分になることに気づいた。「○○信金」と横っ腹に印刷されたティッシュ、「××温泉ホテル」の薄っぺらなタオル、「粗品」の熨斗《のし》がプリントされたラップ。

こういう暮らしをしていると、節約生活を目指しているくせに、時々ムシャクシャして、つまらない買い物をドカンとしてしまう。一〇〇円、二〇〇円を惜しんで、何千円をムダ遣い。ヘンな話だ。

子どもの成長に合わせて、次第に暮らしを整理し、モノを減らしていった私は、それと同時に「節約生活」はあきらめることにした。大して効果がないし、やっぱり私には向かないみたい。

でも、どうせ使うなら、なるべく気に入ったモノを使って、つまらない買い物だけはしないようにしよう。そう決めて、「タダのモノ」をもらわないことにした。ポイントカードは全部捨て、お店ですすめられても断ることにした。だって、気に入らないモノはタダでも使わないし、そもそもカードのポイントなんてたまったためしがない。

タオルは白の無地と決め、シャンプーとコンディショナーだけは、ドラッグストアの安売りではなく、ちょっと高価だけど好きなブランドのものを買った。粗品の食器も、似合わなかったもらい物の高価な服も全部捨てた。モノは減ったのに、リッチな気分だった。そして次に、自分の物欲を整理することにした。

欲しいモノを一律に紙にズラッと書き出し、優先順位をつける。「買うならどこの何」と、ブランドやメーカーも指定し、買えたら線で消していく。何カ月もリストに残っているうちに、どうでもよくなってしまうモノは意外に多かった。

そうこうするうち、家計簿も節約術もやめたのに、むしろムダ遣いは減っていった。以前はちょくちょく利用していたコンビニにも入らなくなったし（コンビニというところは、じつにちまちまお金を使ってしまう場所だ！）、つまらない外食（外出帰りについ寄るファミレスとか）もしなくなった。ちょっとしたかわいい雑貨を買っては飽きていたのも、なくなった。あれは、毎日使うタオルやシャンプーをケチっていたための、一種の反動だったのかな？

ただ単に「買わない」だけでは、やっぱりストレスがたまる。ストレスがたまると、いつかそれはゆがんだ物欲に変化して、いりもしないモノを買ってしまう。少なくとも私の場合はそうだった。小さな物欲って、大半がストレスから発生するのかもしれない。

毎日使うモノは、たとえ消耗品でも、気に入ったモノを買う。高価で買えないなら、今あるモノを大切にしつつ、買える日を待つ。そのためにも、買いたいモノを明確にしておく。買うと決めたら、なるべく多くの候補の中から、時間をかけてベストのものを探す。

こういう買い方をしていると、物欲がコントロールできるようになるらしい。

自分が本当に欲しいモノが何か、どうしても必要で、買わなければならないモノが何か、今の自分に買えるモノは何か。

それがわかっていると、気持ちが整理されるからか、あれもこれも欲しいという渇いた気持ちがなくなる。「そのうち買えるさ」という、ゆったりした気持ちになれるのだ。事実収入があまり変わらなくても、買えるようになる。

もっと大切なのは、気持ちが整理されていくうちに「買えなくても（買わなくても）困らない」ことに、だんだん気づくようになっていくことだ。

本当にそう。買えなくても大して困ることはない。

40

過去と他人に引きずられない

学生時代、試験問題を早く解き終わっても、「見なおし」ということをしたことがなかった。時間が余ったら、消しゴムに落書きをしたり、楽しいことを妄想したりして時間をつぶした。ヒマな時間をつぶさせたら私の右に出る者はいない。ケアレスミスが多いくせにそんなだから、学校の成績ははかばかしくなかったが、絶対に後ろを見ないという性質のおかげで、得していることもある。それは、

「過去をくよくよ嘆かない」

ということだ。

一度やってしまった過去の過ちを、何度も繰り返し後悔することくらい、非生産的で無意味なことはない。自分にとって何もプラスにはならないし、人から見ても見苦しく、哀れなものだ。後悔するなら一度だけにすべきで、次から同じ過ちをしなければいいのだ。しないと決意した上で後悔する必要性が、どこにある

のか。

「あのときああしていれば」

などと、いつまでも繰り返し過去を嘆いている人がいるが、気の毒だが見ていて疲れる。苦悩することそれ自体は、ある意味大切なものだと思うけれど、それによって自分の中の何かが変わることが必要だ。それが成長であり、自己変革だと思う。過去を嘆いてばかりで自分が変わらないのでは、むしろ害悪となる。

いたずらに過去を嘆くことは、損以外の何物でもないと思う私、口惜しい記憶、恥ずかしい記憶が蘇ってきそうになっても、意地でもそんな感情に浸らないよう、あらん限りの努力をしている。

友人に電話をかける、会いに行く、落語のCDを聞く、お笑い番組を見る、大好きな本やマンガを読む。映画のDVDや写真集を見る。聞きたくない話を、「あーあーあー」と子どもが大声で遮るように、イヤな記憶を遮断するための、なるべくいろいろな手段を用意しておくのだ。何度も記憶の中でまでイヤな経験を繰り返したくないから。

同様な嘆きに、

「あの人のせいで……」

というものがある。「過去を嘆く」のと違っているのは、責める相手が「過去の自分」ではなく「現在の他者」であるところだろう。

エンドレスな愚痴を繰り返す人がたまにいて、皆にうんざりされているのを時々見かけるけれど、そのネタは決まって、

「こんなにヒドいあの人と、全然悪くない自分」

〝あの人〟は、職場のお局様だったり、後輩だったり、姑だったり嫁だったり。何しろ、自分は〝全然悪くない〟ので、そういう人は、

「じゃあ、こうしてみたら？」

というアドバイスには頑として耳を貸さない。変わるべきは相手であり、自分ではないからだ。そしてまた、エンドレスな嘆き節が続く。

同じ年の友人に、最近聞いた言葉。

「昔は、人に誤解されたと思ったら、躍起になってその誤解を解こうとしたけれど、今はそんなことしない。〝相手が誤解した〟んじゃなくて、〝そう思われてしまうような私だった〟ことが原因だったとわかったから」

誤解されたくなかったら、誤解されないような行動なり外見なりに、自分を変

えるべきなのだ、と彼女は言う。賢い人である。

そう、昔から言うように、過去と他人は変えられない。「過去を嘆く」のも「他人を責める」のも、共通しているのは、変えられないものを変えようとムダな努力（？）をしているところだ。しかも嘆いたり責めたりするだけでは、努力とすら呼べない。

過去は絶対に変えられない。

しかし、過去に対する自分の考え方と態度は変えることができる。

他人を変えることは、もしかしたらできたように見えることもあるかもしれないが、それはたいていの場合、他人のほうが勝手に変わったのであって、私のおかげではない。私には、他人を変える力などない。だけど、他人に対する自分の考え方と態度は変えることができるし、他人から見た自分を変えることもできる。

人生は長いようで短い。少なくとも、変えられもしないことにムダなエネルギーを費やす余裕は、私の人生にはない。

過去を嘆き、他人を責めるヒマがあったら、その時間は、自分の力で変えられるもののために使いたいのだ。

明日もきっと
いい日で
ありますように…

おわりに

習慣が、一応身につくのにかかる日数は、約2週間。

そう聞くと、たくさんの「身につけたい習慣」を掲げて、「1ヵ月に2つ、半年で12、1年で24身につけるぞ!」と張り切る人がいます。でも、実際には、それはなかなか難しい。

なぜなら、ごくシンプルな習慣に見えても、その中には、さらにいくつもの細かな習慣が含まれていることが多いのです。たとえば、「早起きをする」という習慣を身につけるためには、ただ目覚まし時計を早朝に合わせてセットすればいいのではありません。

今までより早く起きるためには、今までより早く眠る習慣。今までより早く眠るためには、今までよりテレビの視聴時間を減らしたり、ネットサーフィンを早めに切り上げたりして、早くお風呂に入る習慣。そして、目覚めたらすぐに起き上がり、行動するために、着替えや朝食を準備しておく習慣……。それら一つひとつの習慣が身について初めて「早起きをする」という習慣が完成するのです。

「頑張っているのに、どうして習慣が身につかないんだろう？」と悩んでいる人は、一度、身につけようとしている習慣が、もっと細かく分解できないか検討してみましょう。大きなジグソーパズルが、無数の小さなピースからできているように、自分という大きな行動習慣の塊も、ほんのささいな習慣の積み重ねでできているのですから。

本書は、２００８年に出版された『暮らしが変わる40の習慣』の文庫版です。この４年の間に、私は４つ年をとり、暮らしは少しずつ変わりました。特に昨年の２０１１年は、日本人の価値観を大きく変えた、東日本大震災が起こりました。

どんなに確固として見えた習慣であっても、永遠でも不変でもありません。時代が動き、環境が変われば、それに合わせて習慣も変えていく。私たち一人ひとりが変わることで、世界は変えていける。そう信じています。

２０１２年春

金子由紀子

金子　由紀子（かねこ　ゆきこ）

1965年生まれ。出版社勤務を経てフリーランスに。暮らし、健康、旅行、教育まで幅広い分野で取材・執筆に携わる。総合情報サイトAll About「シンプルライフ」ガイド。

「少ないモノで、気持ちよく暮らす」ための、合理的で等身大の生活術が共感を呼び、ファン多数。

著書には、『持たない暮らし』『買わない習慣』（アスペクト）、『暮らしのさじ加減』（講談社＋α文庫）、『コンパクト台所術』（ソフトバンククリエイティブ）などがある。

※本書は2008年に㈱リヨン社から発売された『暮らしが変わる40の習慣　シンプル生活のマイルール』を文庫収録にあたり改題し、新編集したものです。

本書の内容に関するお問い合わせ先
中経出版編集部　03(3262)2124

中経の文庫

暮らし上手な自分に変わる40の習慣

2012年5月5日　第1刷発行

著　者　金子　由紀子（かねこ　ゆきこ）
発行者　安部　毅一
発行所　㈱中経出版
〒102-0083
東京都千代田区麹町3の2　相互麹町第一ビル
電話 03(3262)0371(営業代表)
　　03(3262)2124(編集代表)
FAX03(3262)6855　振替　00110-7-86836
http://www.chukei.co.jp/

DTP／キャップス　印刷･製本／図書印刷

乱丁本･落丁本はお取替え致します。

ISBN978-4-8061-4368-0　C0177